À mon chat Bourbansais
si calin…

Je dédie ce livre à mon lutin

Le temps perdu est fils de tempête
Marcher, marcher toujours, capturer le printemps
Pour lire l'avenir dans les fleurs de pêcher,
Entendre un chant perdu dans les fleurs de pommier.

Pour moi… demain est un autre jour…
et j'irai encore et encore cueillir des fleurs de tendresse…
mes mains tiennent serré l'arc-en-ciel.
Je ne fais que passer…

« Dame Nicole »
Nicole Thépaut

Les desserts oubliés

Dessins
Françoise Baume

Editions OUEST-FRANCE

Remerciements au corps médical

MERCI à jamais à **Yannick MALLENDANT** : Professeur des universités, Praticien Hospitalier Réanimateur Chirurgical du C.H.U. de RENNES. Pour m'avoir ressuscitée, ainsi que le Docteur **Michèle TANGUY**, une assistante formidable.

MERCI à jamais au Docteur **Bernard CADRE** du service du Professeur **Julien BOURDINIERE** qui m'a refait le portrait avec des mains de fées. Eh oui, c'est un artiste !

MERCI à jamais au Docteur **François-Xavier SEVESTRE** qui m'a sauvé ma jambe (les walks sont faits pour marcher, dit la chanson.) du service du Professeur **Frantz LANGLAIS.**

MERCI à jamais au Professeur **Hervé RAVARY** du Centre de rééducation fonctionnelle de KERPAPE près de Lorient. À **Bernard GAU** mon kinésithérapeute qui grâce à son talent et sa patience m'a remise debout. Kerpape a marqué le retour à l'autonomie : un fauteuil roulant de course me permettant de serpenter dans les couloirs en toute liberté. **Toujours j'ai été une femme libre et j'entendais bien me donner les moyens de le rester.**

MERCI au Docteur **Jean-Pierre CHAUMUZEAU** pneumologue membre de la Société de pneumologie de la langue française à Paris et Sophie Jacques kinésithérapeute et qui continue à me donner du souffle à Rennes.

MERCI à jamais à mes médecins Docteur **THAPON**, Docteur **SAOUMA.**

MERCI à tous ceux qui ont été les **assistants** de ces grands.

On dit parfois du mal de nos hôpitaux, on écrit même des livres à succès sur le sujet. Je peux attester que l'on a bien tort, tant il est vrai que je dois la vie au dévouement et aux compétences des équipes médicales du C.H.U. de Rennes qui m'ont avoué depuis avoir failli me perdre à différentes reprises. **Je dois la vie aux médecins**, grâce à eux tous, j'ai retrouvé mon optimiste et ma **rage** de vivre et de surmonter le **destin**.

MERCI à tout l'ensemble du personnel, secrétaires, aides-soignantes, et tous ceux dont on ne parle pas souvent, ce sont des gens formidables, sans leur compréhension et leur gentillesse **au quotidien**, je ne serais plus de ce monde.

Vous m'avez tous donné la force et la joie de survivre.

Vous êtes tous dans mon cœur.

Pleurer gémir ne servent à rien.
Fais énergiquement ta longue et lourde tâche
Dans la voie où le sort a voulu t'appeler.
Puis, après...
Alfred de VIGNY.
Les destinées, « La Mort du Loup », 1849, à méditer !

Il est possible que le livre soit le dernier refuge de l'homme libre.

Le vent se lève !... il faut tenter de vivre !

Sommaire

Introduction

LES CLINS d'œil qui accompagnent mes recettes sont autant de messages codés adressés à ceux qui m'ont aidée à surmonter les épreuves de la vie. Le feu a malheureusement ravagé mon *Ti-Koz,* le restaurant qui était ma raison de vivre. Cette nuit de septembre 1994, j'ai sauté du troisième étage de ma maison et je me suis écrasée sur le pavé granitique du trottoir rennais. J'ai connu le fauteuil roulant trop longtemps.

Puis, comme par miracle (disent les médecins et le père Le Coq, mon curé), j'ai retrouvé l'usage de mes membres et je dévore aujourd'hui à pleines dents une nouvelle existence, avec cette passion qui m'a redonné la joie de vivre et plus encore. Si vous saviez… Pour le reste, j'ai l'art de maquiller la nature sans être dupe. Ce dont je souffre, moi seule l'endure.

Les fées m'ont faite gourmande et joyeuse, ce sont des dons précieux que j'apprécie de plus en plus avec le recul du temps. Aussi aimerais-je que ces simples recettes viennent mettre de la lumière dans vos yeux, comme le peintre illumine sa toile.

J'ai eu la chance, après mon accident, de passer quelque temps en Provence et j'y ai découvert, et savouré, les vieux cahiers de recettes de la comtesse Béatrix de Castelnau, celui de sa fille, la baronne Louise de Sambucy de Sorgue et sa très jolie petite-fille Marie.

Le premier cahier date de 1858. La comtesse n'a cessé de l'enrichir pendant toute sa vie et la relève fut prise par sa fille Louise et sa petite-fille Marie. Moi-même, restauratrice pendant de longues années, j'ai naturellement été très touchée par ce témoignage de la vie quotidienne. Une de ses petites-filles a eu la gentillesse de me confier ses cahiers : un vrai bonheur pendant ma convalescence. Un bonheur que je voudrais vous faire partager. Ne vous attendez pas à trouver dans ce livre des recettes extrêmement compliquées, comtesse ou baronne, comme nos grands-mères, faisait preuve de simplicité. Mais, la simplicité n'est-elle pas la grandeur de la noblesse ? Leurs joies, c'était aussi de les transmettre de mères en filles, de cousines à amies, à l'épicière aussi, cette bonne Brigitte, qui faisait partie du cercle familial.

L'écriture de mon livre *Recettes et menus de fête* retraçait ma passionnante aventure de restauratrice au *Ti-Koz* pendant vingt-huit ans. Il fallait une suite, c'est pourquoi je souhaite, à travers ces petits desserts, vous faire accéder, avec facilité, aux plaisirs de la simple gourmandise. Ecrire, faire et donner un dessert n'est pas, tant s'en faut, chose facile. Ma seule ambition est de pouvoir ensorceler vos papilles avant même que vous n'ayez commencé d'exécuter la recette. La dernière bouchée est la plus importante : elle marque la fin d'un bon repas, un moment gourmet que l'on garde pour soi, ou une tendresse partagée. Bref, un goût sucré sur les lèvres, c'est comme un bon baiser donné avec amour ou affection. C'est aussi cette phrase terrible que chacun a entendue un jour : *« Tu seras privé de dessert, ma fille (les femmes sont plus gourmandes) ou mon fils »*, amère punition dont nous gardons l'écho confus dans nos souvenirs de jeunesse. Privation symbolique, mais ô combien importante pour une jeune existence !

J'ai toujours pensé que, lorsque l'on aime les douceurs, on garde en soi une part de son enfance, de sa spontanéité. Cela permet de rester ouvert, curieux du monde qui nous entoure et, surtout, de nous donner l'envie de partager.

Etre heureux de faire un dessert, c'est aussi le plaisir de retrouver des gestes vrais, des saveurs authentiques venues du plus profond de notre terroir. C'est aussi, il faut le dire, la fierté légitime d'une maîtresse de maison dont on reconnaîtra ainsi les talents.

« La vie ne vaut rien, mais rien ne vaut la vie » (André Malraux).

et petits gâte

Petits fours, sablés aux individuels

Croûte à thé « Axelle Taillandier »

INGRÉDIENTS POUR 15 PIÈCES

200 g de pâte sucrée
125 g de poudre d'amandes
125 g de sucre
1 blanc d'œuf
Colorant vert ou rose

Faire une pâte sucrée *(voir recette pâtes).*
Abaisser au rouleau un rectangle de 7 à 8 cm de large sur 30 à 35 cm de long et 4 mm d'épaisseur.
Mouiller au pinceau les bords des deux côtés du rectangle. Prendre 1 cm de la pâte des bords et la replier à l'aide du doigt vers l'intérieur comme pour faire un feston.
Mélanger au fouet, dans un cul-de-poule, la poudre d'amandes, le sucre, le colorant vert et le blanc d'œuf pour obtenir une pâte assez ferme.
Si besoin, ajouter un tout petit peu de blanc d'œuf pour pouvoir étaler la pâte facilement à l'aide d'une spatule métallique.
Garnir la bande de pâte sablée de cet appareil sur une épaisseur de 1,5 cm.
Saupoudrer largement de sucre glace.

Avec le dos d'un couteau, quadriller la pâte d'amandes dans les deux sens sur toute la longueur.
Cuire dans un four préchauffé à 160°-170 °C, surveiller. La pâte sucrée doit être bien dorée, mais le sucre glace doit rester blanc.
Laisser refroidir, puis couper cette bande en petits rectangles de 2,5 à 3 cm de large.
On peut aussi en découper de plus larges comme un petit gâteau individuel.

Le clin d'œil de Dame Nicole

À une divine petite jeune fille.
À son papa Philippe et sa maman Frédérique qui éclairent ma vue en m'offrant des lunettes de toutes les couleurs pour découvrir le monde...!

Oublies

INGRÉDIENTS
POUR 25 OU 30 PETITES PIÈCES

250 g de farine tamisée
150 g de sucre en poudre
2 œufs
65 g de beurre fondu
50 cl de lait
1 verre à porto de fleur d'oranger
1 cuillerée à café de jus de citron

Travailler ensemble dans une terrine la farine, le sucre, les œufs. Quand la composition est bien homogène, c'est-à-dire lisse, ajouter petit à petit le lait, le beurre fondu, la fleur d'oranger, le zeste de citron. Chauffer le « fer à oublies », dénicher deux pelles de cheminée à cendre, que vous aurez beurrées de façon égale.

Faire couler comme pour une crêpe une demi-louche de pâte sur l'une des pelles, poser la deuxième pelle dessus, cuire sur feu vif au gaz pendant 2 ou 3 min, retourner pour cuire l'autre face.

Retirer la pelle, décoller les oublies à l'aide d'une spatule métallique, rouler chacune d'elles en forme de cornet en l'enroulant autour d'un morceau de bois de forme conique.

Vous confectionnerez là l'une des plus anciennes pâtisseries.

Le clin d'œil de Dame Nicole

Monsieur Furetière définit l'oublie : *« Une pâtisserie ronde, déliée, cuite entre deux fers ».* Le mot « oublie » vient de la déformation du mot « oblaye », qui a été fait d'« oblata », dont les écrivains latins modernes se servaient pour désigner une hostie non consacrée ; on l'appelait autrefois « oblée » ou « oublie ». Le reste de pâte était donné aux garçons pâtissiers, c'était leur profit. Ils vendaient leurs oublies par sept ou huit, ce que l'on appelait « une main d'oublies ».
Les marchands d'oublies jouaient leurs pâtisseries aux dés avec les clients ; vers le milieu du XVIIIe siècle on les désigna sous le nom de marchands de « plaisir », parce qu'ils criaient : « *Voilà le plaisir !* »

Lampions « Laura et Elsa »

Ingrédients pour 20 à 30 pièces
250 à 300 g de pâte sucrée (voir recette pâtes)
200 g de compote de pommes
150 g de beurre
200 g de poudre d'amandes
200 g de sucre glace
2 œufs

Glaçage à l'eau
1 fond de verre d'eau
100 g de sucre glace

Préparer un glaçage à l'eau. Travailler le sucre glace à la spatule en bois avec un peu d'eau jusqu'à obtention d'une pâte assez épaisse pour qu'elle ne coule pas. Dans un cul de-poule, travailler au fouet ou au batteur le beurre en pommade avec la poudre d'amandes et le sucre.
Ajouter deux œufs un par un pour obtenir une pâte bien lisse. Mettre de côté.
A l'aide d'un rouleau à pâtisserie, abaisser la pâte sucrée et découper à l'aide d'un emporte-pièce des disques un peu plus grands que la taille des moules.
Foncer ces petits moules avec ces disques.
Déposer dans chacun une petite cuillerée à café de compote de pommes épaisse, finir de garnir avec l'appareil de poudre d'amandes.
Cuire dans un four préalablement chauffé à 200 °C pendant 15 à 20 min.
Arroser chacun des petits gâteaux de quelques gouttes de rhum. Les laisser refroidir et les recouvrir, à l'aide d'une spatule métallique, d'une légère couche de glaçage à l'eau qui durcira très rapidement, apportant une note de goût et d'élégance.

Le clin d'œil de Dame Nicole

Il serait impensable de manquer le moment du « tea for two ». C'est un instant privilégié entre tous… alors avec des lampions comme Laura et Elsa, tout s'éclaire ! Ayant vécu pendant quelques années en Angleterre, j'ai toujours respecté cette tradition qui m'apporte un moment privilégié me permettant de rêvasser et de laisser mon imagination vagabonder.

Gâteaux secs « Yvonne »

Recette secrète de la tante d'Hubert

INGRÉDIENTS POUR 30 GALETTES

50 g de beurre
125 g de farine
60 g de sucre (ou 2 sachets de saccharine et 2 cuillerées de sucre)
1 paquet de sucre vanillé
1 pincée de bicarbonate
1 cuillerée à soupe de lait vanillé ou d'eau

Pétrir dans un cul-de-poule à la main tous les ingrédients pour obtenir une pâte bien homogène. Abaisser la pâte au rouleau sur 1 cm d'épaisseur. Découper des petits ronds ou des étoiles. Les poser sur une plaque sèche au four préchauffé à 170°-180 °C pendant 6 à 8 min, surveiller les gâteaux, qui vont dorer très vite.
Dès qu'ils sont cuits, les ôter du four à l'aide d'une spatule et les laisser durcir 5 min.
C'est croquant, croustillant, délicieux.

Le clin d'œil de Dame Nicole

Je dédie cette recette à tous les Bretons disséminés dans le monde, tout particulièrement aux gens de Poulföen, Kerfissien, Plouescat, Cléder, Tréflaouénan. Ces villages qui ont nourri mon imagination. Cette mer qui m'a guérie. Ces rochers découpés au rasoir, comme autant de cratères vite engloutis par l'insolence des flots qui jaillissent des rocs. Ces rochers, comme des troupeaux, bestiaire fantasmagorique, silhouettes plus inquiétantes les unes que les autres qui, chaque soir, au gré de la lune, prenaient forme et faisaient frissonner l'âme de la petite fille que j'étais. Sur cette dune de Poulföen, je hissais toujours mes espoirs sur la grande voile avec l'insolence de l'innocence. Mes yeux verts pailletés d'or n'ont jamais eu que deux maîtres : Dieu et le grand large. Je suis de ces Bretonnes qui coupent le vent avec leurs coiffes, que rien n'arrête. Cette remarque je la dois à une grande figure de la Résistance, Charles Tillon, et à sa femme Raymonde, avec qui j'aimais parler à la fin du dîner dans mon restaurant.

Cinq petits fours secs... en un « Hervé »

Ingrédients
pour 40 à 50 petits fours

500 g de poudre d'amandes blanches
500 g de compote de pomme très ferme
5 ou 6 blancs d'œufs
Colorant vert et rose
Alcool selon votre goût (rhum, kirsch, pistache, Cointreau, Grand Marnier, citron)
Sucre cristallisé
Amandes effilées hachées
Amandes entières blanches
Cerises confites

Sur la table de travail, mélanger la poudre d'amandes avec le sucre glace, la compote de pomme et les blancs d'œufs, la travailler fermement à la main afin d'obtenir une pâte bien homogène, assez ferme pour pouvoir modeler les petits fours à la main. Si la pâte est trop ferme, ajouter un peu de blanc d'œuf. Mettre en terrine, couvrir d'un torchon et laisser reposer pendant 24 h.
Partager la pâte en cinq boules de taille égale, ce qui vous permettra de réaliser cinq variétés de petits fours (détaillées ci-dessous).

Au rhum

Ramollir et parfumer au rhum la première boule suffisamment pour pouvoir la dresser dans une poche munie d'une douille cannelée de 12 mm.
Sur une plaque beurrée, à l'aide de la poche, déposer la valeur d'une double noisette de pâte en la tournant pour en faire une rosace. Disposer ces petites rosaces les unes près des autres, assez serrées, la pâte ne s'étale pas.
Déposer au centre une demi-cerise confite.

Les artichauts

Sucrer la table de travail avec du sucre glace pour l'empêcher de coller.
Prendre la deuxième boule de pâte, la parfumer à la pistache, la colorer à l'aide d'un colorant alimentaire d'un vert tendre.
La rouler pour en faire un boudin de 2 cm de diamètre pour pouvoir la découper en morceaux d'une longueur de 1,5 cm.
Rouler entre les paumes chacun des morceaux afin obtenir une petite boule.
Les poser sur la plaque beurrée en les pinçant légèrement avec trois doigts pour former un cône.
Coller une demi-amande blanche sur les trois marques de doigts.

Les petits pains anglais

Prendre la troisième boule, la parfumer au Cointreau ou au Grand Marnier et la colorer en rose avec un colorant alimentaire.
La rouler de la même façon que la précédente (en boudin).
La découper en morceaux de 1,5 cm.
Rouler chaque morceau entre les paumes de la main, le mettre en boule et l'aplatir très légèrement afin d'obtenir un ovale.
Les rouler dans le sucre cristal, les poser sur une plaque beurrée et les fendre légèrement à l'aide d'une pointe de couteau dans le sens de la longueur.

Les demi-lunes

Prendre la quatrième boule, la parfumer au citron ou au kirsch.
La rouler et la découper de la même façon que les précédentes.
Entre les deux paumes, former une boule et l'allonger pour en faire de petites baguettes de 3,5 cm, les rouler dans des amandes effilées et finement hachées, former des demi-lunes et les déposer sur la plaque.

Le clin d'œil de Dame Nicole

Mes petits fours plairont à la « jet celte ». Ces petits gâteaux doivent leur nom au fait que les pâtissiers les faisaient cuire, jadis, dans ce qu'ils appelaient « le petit four », c'est-à-dire le four qui avait commencé à refroidir après la cuisson des grosses pièces.

Boules de neige

Prendre la cinquième boule, la parfumer au Grand Marnier, la rouler et la découper de la même façon que la précédente en prenant un peu moins de pâte, et l'enrouler autour d'une demi-cerise confite en formant une boule régulière. Rouler les petites boules dans du sucre glace et les poser sur une plaque.
Laisser les différents petits fours reposer 12 h sur les plaques à l'air libre (cela leur permet de ne pas se déformer à la cuisson).
Cuire dans un four préalablement chauffé à 200 °C pendant 15 à 20 min en surveillant attentivement.
Décoller à chaud, laisser refroidir sur une grille.
Ces petits fours se conservent très bien dans une boîte hermétique.

Les bébés « le petit Antoine »

Ingrédients pour 20 à 25 pièces

6 blancs d'œufs
75 g de poudre de noisettes légèrement grillées
75 g de poudre d'amandes
200 g de sucre semoule
50 g de farine
50 g de beurre fondu
100 g de praliné

Dans un cul-de-poule, ramollir le beurre au fouet ou au batteur et le mettre en pommade, ajouter la farine, bien lisser. Ajouter le beurre fondu. Mettre de côté. Monter les blancs en neige très ferme et incorporer l'appareil ci-dessus en coupant et en soulevant délicatement avec une spatule. A l'aide d'une poche munie d'une douille simple de 5 à 6 mm, dresser, sur une plaque

préalablement beurrée, de petites boules de la grosseur d'une noix en les espaçant largement (elles s'étalent).
Cuire à four moyen (180°-190 °C) pendant 10 min.
Dès la sortie du four, les décoller.
Les mettre de côté.
Les coller deux par deux avec une petite boule de praliné.

Le clin d'œil de Dame Nicole

Cette gourmandise, quand elle est partagée en couple, a une grande influence sur le bonheur conjugal. Un rien aphrodisiaque ! Vous pouvez aussi les garnir de pâte d'amandes, de chocolat fondu ou, encore plus raffiné, d'une ganache : un véritable délice. C'est la recette de son arrière-arrière-grand-mère, la baronne Louise de Sambucy de Sorgue. « *L'âme d'un gourmand est toute dans son palais* », aurait pu dire Grimod de la Reynière. Qu'en penserait un polytechnicien ?

Macarons mous traditionnels « Mon papa »

INGRÉDIENTS POUR 20 PIÈCES

200 g de poudre d'amandes
250 g de sucre
3 blancs d'œufs

INGRÉDIENTS POUR LA MERINGUE

250 g de sucre
3 blancs d'œufs

Travailler au fouet, dans un cul-de-poule, le sucre, la poudre d'amandes et les blancs d'œufs de façon à obtenir une pâte bien homogène. Mettre de côté.

Préparer la meringue

Mettre à cuire dans une casserole le sucre mouillé à l'eau, à niveau (voire un peu plus).

« Laver » le sucre, c'est-à-dire mettre près de la casserole un récipient d'eau froide, tremper les doigts dans cette eau et frotter les bords intérieurs de la casserole rapidement, recommencer l'opération trois ou quatre fois, voire davantage. Pas d'inquiétude, je vous garantis, on ne se brûle pas (si vous connaissez ma nuit du 21 au 22 septembre 1994, vous saurez que c'est vrai !). Lorsque le sucre est cuit au gros boulet, il reste encore blanc (les doigts mouillés dans cette même eau froide, prendre une petite pincée de ce sucre qui cuit entre le pouce et l'index et, en le roulant dans l'eau froide, former une boule bien ferme).

Pendant la cuisson de ce sucre, monter en neige très ferme les blancs d'œufs avec une grosse pincée de sucre, ceci pour les empêcher de grainer.

Quand le sucre est cuit au gros boulet *(explication ci-dessus)*, le verser petit à petit sur les blancs montés en neige en battant énergiquement au fouet ; la meringue est prête.

Incorporer une petite partie de la meringue dans l'appareil (poudre d'amandes, blancs d'œuf, sucre) afin de le ramollir et incorporer le reste délicatement à l'aide d'une spatule en soulevant et en coupant.

Sur du papier sulfurisé posé sur une plaque, dresser à l'aide d'une poche munie d'une douille de 4 à 5 mm des petites boules de la taille d'une très grosse noisette. Bien les espacer.

Cuire à four doux (170°-180 °C), bien surveiller la cuisson. Dès que les macarons sont dorés, les sortir du four en les laissant sur la feuille de papier sulfurisé ; la poser immédiatement sur une autre plaque préalablement mouillée (ou simplement sur la table de travail bien mouillée), laisser refroidir quelques minutes. Décoller les macarons un par un à la spatule métallique et les coller par deux immédiatement.

Important : il est important de bien mouiller la deuxième plaque pour la sortie du four des macarons sur leur papier sulfurisé. La vapeur d'eau provoquée par le papier chaud posé sur la plaque mouillée permet de les décoller et aussi de les coller deux par deux très facilement.

On peut les parfumer au chocolat.

Le clin d'œil de Dame Nicole

Les macarons des sœurs Macaron de Nancy honorent le souvenir de ces bienfaitrices de l'humanité. Ces deux carmélites, chassées de leur couvent par la Révolution, remercièrent la famille qui leur donna asile. Les macarons servis au couvent vinrent donc orner la table des particuliers et la recette, fort appréciée, connut le succès que l'on sait. Malheureusement pour elles, ces saintes femmes, qui avaient fait vœu de pauvreté, n'ont pas pu profiter de cette recette qui a, depuis, fait la renommée des Ladurée, Gaston Lenôtre ou Pierre Hermé.

À toi, mon papa chéri.

Petits blancs
« Vadim Guénin »

Faire fondre le chocolat blanc au bain-marie.
Dans un cul-de-poule, ramollir le beurre en pommade à l'aide d'un fouet ou d'un batteur.
Incorporer le sucre semoule, le sucre vanillé ou l'extrait de vanille ou la gousse de vanille fendue en deux, bien travailler l'appareil, y ajouter peu à peu les blancs d'œufs tout en continuant à bien mélanger.
Ajouter la farine tamisée et bien la lisser.

INGRÉDIENTS POUR 25 PIÈCES

175 g de beurre
175 g de sucre glace
225 g de farine
135 g de blancs d'œufs
100 g de praliné
150 g de chocolat blanc
4 ou 5 gouttes d'extrait de vanille
ou 1 sachet de sucre vanillé
ou 1 gousse de vanille
fendue en deux

Dresser sur une plaque légèrement beurrée au pinceau et farinée. A l'aide d'une poche munie d'une douille ronde de 5 à 6 mm, confectionner des boules de la taille d'une grosse noisette, les espacer suffisamment de 2 ou 3 cm (elles s'étalent toutes seules à la cuisson).
Cuire à four moyen (170°-180 °C) pendant 8 à 10 min, les sortir lorsqu'elles sont bien dorées. Les décoller immédiatement et les laisser refroidir.
Les coller deux par deux avec une très petite quantité de praliné.
Les tremper dans le chocolat blanc, les égoutter et les poser aussitôt en les retournant dans le sucre glace. Les laisser sécher sur une grille. On peut les mettre dans un petit sac et les offrir à ses amis, qui apprécieront.

Le clin d'œil de Dame Nicole

**À un petit « Bébé Cadum »,
comme dit sa maman,
qui vient de naître.
Ah ! Vadim tu vas en faire
tourner des têtes
avec tes beaux yeux bleus.
Vadim... toute une légende !**

Langues de chat « À mon chat Bourbansais »

INGRÉDIENTS POUR 50 PIÈCES

125 g de beurre
250 g de sucre glace
175 g de farine
6 blancs d'œufs

Dans un cul-de-poule, ramollir le beurre en pommade à l'aide d'un fouet ou d'un batteur, incorporer le sucre glace et travailler ce mélange.
Incorporer la farine, bien la lisser.
Ajouter les blancs d'œufs un par un (important) en les travaillant à l'aide du fouet ou du batteur pour obtenir une pâte bien lisse.
A l'aide d'une poche munie d'une douille lisse de 6 mm, dresser sur une plaque légèrement beurrée et farinée des petits bâtonnets de 5 ou 6 cm bien espacés (la pâte s'étale à la cuisson).

Cuire à four doux (170°-180 °C) pendant 5 à 8 min. Surveiller.
Sortir les langues de chat du four lorsqu'elles sont dorées, les décoller immédiatement à chaud (attention, elles sont très fragiles).
Dès qu'elles sont refroidies, les conserver dans une boîte hermétique. Mieux, les manger tout de suite, vous êtes d'accord avec moi… le plaisir n'attend pas !

Le clin d'œil de Dame Nicole

Ne donnez plus votre langue au chat, croquez les siennes à pleines dents. Laure est le portrait vivant de son aïeule, la comtesse de Castelnau. Pour mon chat si calin et si tendre. Un vrai bonheur.

Cornets des enfants sages au chocolat « Alice »

INGRÉDIENTS
POUR 8 À 10 PERSONNES

300 g de chocolat amer (Valrhona)
50 g de beurre
1 cuillerée de crème fraîche
3 jaunes d'œufs
3 œufs entiers

Pour la décoration

2 feuilles de menthe
8 amandes
8 noisettes
8 pistaches
15 fruits rouges

Pour le coulis

250 g de griottes surgelées
125 g de sucre
125 g d'eau
10 cl de kirsch

A faire la veille

Le clin d'œil de Dame Nicole

À Alice qui vient d'atterrir au pays des merveilles pour le plus grand bonheur de ses grands-parents. Elle a la chance de perpétuer la mémoire de son arrière-grand-mère.

Faire fondre au bain-marie le chocolat avec le beurre en le remuant à l'aide d'une spatule ou d'un fouet.
Retirer du bain-marie.
Ajouter les jaunes, les œufs entiers puis la crème fraîche, remuer énergiquement et rapidement au fouet ou au batteur afin de bien incorporer les éléments.
Verser dans une terrine et laisser prendre au frais pendant 24 h.

Coulis de griottes

Mettre à macérer les griottes surgelées dans le kirsch (ou alcool de cerises) pendant 12 h.
Préparer un sirop de sucre (faire bouillir quelques minutes le sucre avec 200 g d'eau). Immerger les griottes et les confire doucement pendant 1 h à feu doux.
Mixer une partie des griottes pour donner une consistance au coulis et ajouter les autres entières.

Le lendemain

Démouler la terrine (tremper le fond 30 secondes dans de l'eau bouillante).
Avec une lame de couteau trempée dans l'eau chaude, couper sur le plan de travail de fines tranches de ce fondant au chocolat.
Rouler en forme de cornet, dresser sur une assiette, mettre dans le cornet quelques éclats d'amandes, noisettes et pistaches grillées.
Décorer de quelques fruits rouges de votre choix.
Napper d'un coulis de griottes. Présenter avec une petite feuille de menthe.

Croquets des hommes aux amandes

Michel « Bubu » Ar Milin

Ingrédients pour 25 pièces

250 g de farine
125 g de sucre en poudre
125 g d'amandes blanches
125 g de beurre
(à température ambiante)
2 œufs
1 petit verre à porto de rhum

Sur une table de travail, mettre en fontaine la farine, le sucre, les amandes hachées grossièrement, le beurre mou, les œufs et le rhum.
Mélanger le tout à la main pour obtenir une pâte très ferme.
Laisser reposer la pâte pendant 15 min.
Prendre une partie de cette pâte, la rouler sur la table de travail pour obtenir un cordon de la grosseur d'un doigt, dans lequel on découpera de petites baguettes de 7 ou 8 cm de longueur. Recommencer l'opération jusqu'à épuisement de la pâte.
Avec un œuf entier battu, dorer au pinceau chacune de ces baguettes et les rouler dans du sucre cristallisé.
Poser sur une plaque légèrement beurrée.
Les cuire à four doux (170 °C) pendant 15 à 18 min. Surveiller.

Le clin d'œil de Dame Nicole

Bubu et moi nous sommes rejoints dans l'épreuve qu'il nous fallut absolument surmonter. « *L'homme est un apprenti, la douleur est son maître* », disait Vigny qui, lui, souffrait de romantisme aigu. La vie, c'est merveilleux, mais aussi très dangereux. Si on a le courage de la vivre, c'est formidable.

Tuiles

INGRÉDIENTS POUR 50 PIÈCES

250 g de sucre
2 œufs entiers
90 g de blancs d'œufs
(3 ou 4 blancs d'œufs)
75 g de farine
300 g d'amandes effilées

Mélanger dans un cul-de-poule le sucre, les œufs entiers, les blancs au fouet sans exagération.
Incorporer alors la farine, lisser pour ne pas former de grumeaux et ajouter les amandes effilées.
Sur une plaque beurrée à l'avance au pinceau, déposer avec une cuillère des petits tas de la valeur d'une petite noix, bien espacés. **Important** : mélanger souvent l'appareil dans le cul-de-poule, sinon il ne restera que les œufs au fond quand vous terminerez.
Les étaler à la fourchette mouillée pour en faire des disques peu épais.

Le clin d'œil de Dame Nicole

Des gâteaux à faire en signe de joie… Pour conjurer les tuiles, précisément !

Cuire immédiatement à four moyen (160°-170 °C) pendant 8 à 10 min. Sortir les tuiles dès qu'elles sont dorées. Les décoller immédiatement à l'aide d'une spatule métallique et les poser sur un rouleau ou une gouttière pour leur donner une forme arrondie. Laisser refroidir.

Lekerlis

« Delphine C. »

INGRÉDIENTS POUR 50 PETITS GÂTEAUX

4 œufs (séparer les jaunes des blancs)
150 g de sucre
350 g de miel
250 g de poudre d'amandes
125 g de fruits confits hachés
(écorce d'orange, écorce de citron)
1 cuillerée à soupe de cannelle en poudre
2 clous de girofle pilés (facultatif)
500 g de farine
1 sachet de levure chimique
10 g de beurre pour le moule

Dans un cul-de-poule, travailler les jaunes d'œufs avec le sucre à l'aide d'un fouet ou d'un batteur jusqu'à ce que le mélange blanchisse.
Ajouter le miel préalablement chauffé pour le liquéfier.
Incorporer la poudre d'amandes, les fruits confits et les épices (piler les clous de girofle pour les réduire en poudre).
Incorporer la farine et la levure, mélanger à l'aide d'un fouet ou d'un batteur pour bien lisser.
Beurrer et fariner un moule rectangulaire ou carré de 4 ou 5 cm de hauteur.

Le clin d'œil de Dame Nicole

À une femme de talent,
raffinée et charmeuse.
Ah ! la pâtisserie,
c'est de l'émotion, des mots,
du désir, du plaisir…
bref, tous les chocs sensuels
qui font voyager.

Verser la pâte sur 2 ou 2,5 cm d'épaisseur.
Faire cuire 30 à 35 min à four préchauffé à 170°-180 °C.
Sortir du four. Couper à même le moule des petits carrés réguliers, laisser refroidir.
Glacer les lekerlis avec du fondant que l'on trouve dans les magasins ou les tremper dans un sucre cuit (mettre dans une casserole 125 g de sucre et 6 cl d'eau. Faire bouillir, lorsque le sucre est à peine blond, les tremper dans le sirop à l'aide d'une aiguille, égoutter).
Mettre en caissettes individuelles.

Mendiants

INGRÉDIENTS POUR 30 PIÈCES

300 g de bon chocolat de couverture
100 g de cerneaux de noix
100 g d'amandes grillées
100 g de noisettes grillées
100 g de pistaches
100 g de raisins de Smyrne

Hacher très grossièrement au couteau les fruits secs.
Faire fondre au bain-marie le chocolat en le mélangeant à la spatule régulièrement.
Lorsqu'il est fluide, à l'aide d'une poche à douille lisse de 1 cm de diamètre, déposer sur un papier sulfurisé des petits tas de 2 cm de diamètre.
Avant que le chocolat ne durcisse, déposer rapidement sur chacun d'eux des morceaux de cerneaux, d'amandes, de noisettes, de pistaches, quelques raisins. Au besoin, les coller légèrement avec les doigts. Mettre à durcir dans un réfrigérateur pendant 5 min. Les décoller du papier.

Le clin d'œil de Dame Nicole

Dégustez mes mendiants, ils n'ont rien de pauvre !
« *L'homme par l'aliment est chair, par le verbe est esprit, être total de bouche* » (Gisèle Harrus-Reverdi).

Bananes en robe de chambre
« Jean-Claude et Thérèse »

Pour 4 personnes
4 bananes
beurre
1 pointe de cannelle

Le clin d'œil de Dame Nicole

C'est une recette de famille très simple. Cuites ainsi, les bananes conservent toute leur saveur. Le beurre frais à la cannelle leur donne un petit goût de noisette. Je dédie cette recette à mon frère Jean-Claude que je taquinais et qui croquait avec gourmandise des morceaux de sucre et des bananes dans son enfance. Tu es le chef de la famille maintenant. Protège-moi grand frère.

Prendre quatre bananes, les mettre à cuire au four avec leurs peaux comme des pommes de terre, pendant environ 10 min.
Enlever la peau.
Servir chaud avec du beurre frais dans un ravier en ajoutant une pointe de cannelle.

Une note de raffinement : fendre dans la longueur quatre bananes non pelées. Poser chacune sur une feuille de papier aluminium. Hacher 100 g de bon chocolat et garnir l'intérieur de chaque banane. Fermer les papillotes et faire cuire pendant 10 à 15 min dans un four à 170°-180 °C. Ouvrir la papillote, écarter légèrement la peau, napper de crème fraîche ou de glace.

Le porte-parole amoureux

« Frédéric et Gaëlle, Carole et Fabien »

INGRÉDIENTS POUR 25 À 30 BISCUITS
90 g de farine
45 g de beurre fondu
3 blancs d'œufs
90 g de sucre glace
1/2 paquet de sucre vanillé
1 pincée de cannelle

Faire préparer par vos invités, grands et petits, un petit message sur un papier, tout cela dans le rire et la bonne humeur, le succès sera garanti.
Dans un cul-de-poule, battre au fouet les blancs d'œufs pour les faire mousser.
Incorporer à l'aide d'un fouet ou d'un batteur le sucre glace et le beurre fondu, la farine, le sucre vanillé, la cannelle et bien travailler le tout pour obtenir une pâte lisse. Mettre de côté. Laisser reposer 20 min.

Le clin d'œil de Dame Nicole

Pour mon filleul et ma nièce amoureux, bisous. Au début du siècle, un pâtissier amoureux avait trouvé un système bien charmant : il glissait des petits mots dans un petit gâteau pour sa belle. Son patron s'en aperçut et trouva l'idée fort astucieuse. Il la reprit à son compte et fit fortune. Voyez comme l'amour a de bons côtés ! Il faut y croire, jusqu'à son dernier souffle. Ce n'est pas le bonheur qui rend heureux… c'est l'espérance du bonheur ! Si le pire est envisageable, il n'est pas forcément obligatoire…

Recouvrir une plaque de papier sulfurisé, y tracer des ronds de 10 cm de diamètre. Avec une spatule métallique, étaler sur ces ronds deux cuillerées à café de cette préparation, seulement trois par trois, car la pâte s'étale. Cuire à four moyen (170°-180 °C) pendant 4 ou 5 min, surveiller, lorsque les bords sont dorés les retirer du four.
Décoller immédiatement à l'aide d'une spatule l'un des biscuits, y poser le message au centre, le plier légèrement en deux, puis le pincer à nouveau très légèrement sur le rebord d'un bol. Répéter l'opération jusqu'à épuisement des ingrédients. Procéder très rapidement pour qu'ils ne se cassent pas au pliage.

Pailles aux framboises « Sophie de Lorgeril »

INGRÉDIENTS POUR 10 PAILLES

250 g de pâte feuilletée (voir recette pâtes)
150 g de sucre
250 g de confiture de framboise

Préparer un pâton de pâte feuilletée, travailler comme indiqué. Important : les deux derniers tours ne doivent pas être travaillés avec la farine mais avec le sucre en poudre.
Abaisser la pâte en un rectangle régulier de 1 cm d'épaisseur toujours en utilisant du sucre et non de la farine.
Couper les bords du rectangle très régulièrement pour en faire un rectangle de 12 cm de longueur. Dans ce rectangle, couper des languettes de 2 cm de largeur.
Prendre les deux extrémités et tourner la languette d'un demi-tour en son milieu.
Poser les languettes sur une plaque beurrée, la partie feuilletée tournée vers le haut.
Important : la tranche doit être posée côté coupé au-dessus afin que la languette puisse s'étaler.
Laisser reposer 10 min.
Cuire à four chaud (210°-220 °C) pendant 8 à 10 min.
Les sortir lorsqu'elles sont bien dorées. Décoller aussitôt et laisser refroidir bien à plat sur une grille.
Lorsque les pailles sont refroidies, étaler de la confiture à la framboise sur le côté qui a cuit sur la plaque (il est plus lisse), puis les coller deux par deux.

Le clin d'œil de Dame Nicole

Je dédie cette recette à ma délicieuse belle-sœur et marraine de mon fils. « *Il faut avec raison se servir de son bien et suivant les plaisirs où l'âge vous convie, goûter autant qu'on peut les douceurs de la vie* » (Guillaume Coltet, *Adieu aux Muses*).

Schenkelés
« Camille, Grégoire et Franck »

Le clin d'œil de Dame Nicole

À Camille, si belle, comme sa maman, ses fils et le papa, des charmeurs.
« La gourmandise comprend aussi la friandise, qui n'est autre que la même préférence appliquée aux mets légers, délicats, de peu de volume » **(Brillat-Savarin).**

INGRÉDIENTS POUR 6 PERSONNES
400 g de farine
250 g de sucre en poudre
100 g de beurre à température ambiante
100 g de poudre d'amandes
4 œufs
1 verre à liqueur de kirsch
Sucre glace

Mettre sur la table de travail, ou dans un cul-de-poule, la farine en fontaine, ajouter le sucre et la poudre d'amandes, le beurre en pommade puis les œufs et le kirsch.
Bien pétrir, en la fraisant plusieurs fois avec la paume de la main.
Former des petits boudins de 7 ou 8 cm de long et de la grosseur d'un petit doigt en roulant la pâte entre les paumes de la main.
Faire frire à grande friture, par petites quantités à la fois, en veillant à ce que les schenkelés dorent uniformément.
Les retirer et les poser sur un papier absorbant plié en plusieurs épaisseurs.
Dresser sur un plat et saupoudrer de sucre glace.

Madeleines
« Oleg et Iréna »

INGRÉDIENTS POUR 25 PIÈCES

6 œufs
250 g de sucre
300 g de farine
100 g de beurre
10 g de bicarbonate

Le clin d'œil de Dame Nicole

On appelle le rebondi de la madeleine « le téton de Vénus ». A Commercy, lors d'une réception organisée par le duc de Lorraine, une simple soubrette nommée Madeleine avait préparé ce gâteau, le seul que sa famille lui ait appris à faire. Le roi Stanislas, enthousiaste, avait aussitôt baptisé cette pâtisserie du nom de la servante. Relisez Proust, il aimait cette douceur dont le goût hantait ses nuits et ses écrits.
À des artistes russes merveilleux qui nous charment avec leur chorale.

Travailler dans un cul-de-poule, au fouet ou au batteur, les œufs, le sucre jusqu'à blanchiment comme pour une génoise.
Incorporer la farine et le bicarbonate en mélangeant avec un fouet. Bien lisser et ajouter le beurre fondu (pas chaud).
Verser cet appareil jusqu'à ras bord dans les moules à madeleines beurrés.
Cuire à four doux (180 °C) pendant 10 à 15 min.
Démouler à chaud.

Palais de miel à l'ancienne de « Lohéac »

Alexandre et Caroline

INGRÉDIENTS POUR 30 GALETTES

250 g de beurre
4 œufs
150 g de sucre
250 g de farine
3 ou 4 cuillerées de rhum
70 g de miel

Le clin d'œil de Dame Nicole

L'affection que l'on met à préparer des petits gâteaux est un acte chaleureux, gourmand, irremplaçable. Cela évoque pour moi les moments merveilleux passés lors de ma convalescence à Lohéac, ce petit bourg de Bretagne devenu, comme par magie, le rendez-vous incontournable de l'automobile par la volonté et le dynamisme de Michel Hommell. Dégustez mes palets en parcourant les allées du manoir de l'Automobile, vous m'en direz des nouvelles !

Déposer la farine en fontaine dans un cul-de-poule, ajouter le sucre, le miel, les œufs, le beurre ramolli et le rhum.
Mélanger le tout à l'aide d'un fouet ou d'un batteur, bien lisser la pâte.
Garnir une poche à douille de 8 mm.
Sur une plaque tapissée d'un papier sulfurisé, dresser des petites boules de la grosseur d'une noix en les espaçant largement.
Elles s'étalent d'elles-mêmes à la cuisson pour former des galettes de 5 cm.
Mettre au four à 180 °C pendant 10 à 15 min. Surveiller, les sortir dès qu'elles sont bien dorées.
Les décoller à chaud, les mettre sur une grille et les conserver dans une boîte hermétique.

Petits biscuits de l'arbre

INGRÉDIENTS POUR 40 BISCUITS

450 g de farine
150 g de Maïzena
2 petits œufs
225 g de sucre en poudre
1 sachet et demi de sucre vanillé
225 g de beurre
1 sachet de levure chimique
100 g de poudre d'amandes
1 jus d'un citron
20 g de cannelle

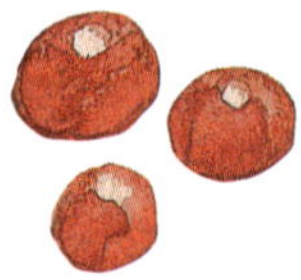

GARNITURE POUR DÉCORER

Pastilles colorées
Petites perles de sucre colorées
Chocolat fondu
Vermicelle de toutes les couleurs
Perles argentées (dans les dragées)

Glaçage au sucre ou au fondant *(voir recette glaçages)*
Sur la table de travail, mettre la farine en fontaine avec la Maïzena, ajouter les œufs, le sucre en poudre, le sucre vanillé, le beurre en pommade et la levure.
Travailler le tout à la main, la fraiser trois ou quatre fois avec la paume de la main jusqu'à obtention d'une pâte bien homogène.
Mettre en boule et de côté.
Découper dans du carton des silhouettes diverses comme des anges, des canards, des ours, des sapins, etc.
Sur la table de travail farinée, abaisser la pâte au rouleau à 5 mm d'épaisseur.
Poser les silhouettes ci-dessus et découper en suivant les contours à l'aide d'un couteau pointu. On peut aussi découper à l'emporte-pièce des étoiles, des anneaux, des cœurs...

de Noël de Provence
« Toinou »

Les déposer sur une plaque beurrée et les dorer à l'aide d'un pinceau avec un œuf battu.
Faire un petit trou à l'extrémité des sujets que l'on souhaite suspendre à l'arbre, pour y passer un fil après la cuisson.
Faire cuire les biscuits en plusieurs fournées sur la plaque du four beurrée 10 min environ à four doux (160 °C). Laisser refroidir sur une grille.
Pour glacer les biscuits, étaler le glaçage *(voir recette glaçages)* à l'aide d'une spatule métallique.
Une note de raffinement : décorer ensuite de petites perles colorées en sucre en vous inspirant des images, ceci doit être fait avant que le glaçage ne soit durci afin que les perles adhèrent.

Le clin d'œil de Dame Nicole

Préparons Noël avec la recette de la baronne Louise qui se faisait aider par son petit Toinou qu'elle chérissait. Voici une bonne idée pendant les fêtes pour décorer votre sapin en famille en amusant les enfants. Faites mes petits sujets en biscuit à suspendre dans l'arbre. Ils adoreront les décorer de petites perles multicolores et ce sera leur sapin décoré « maison ».

Biscuit mignon « mon Lutin »

INGRÉDIENTS POUR 8 PERSONNES

240 g de farine
430 g de beurre (à température ambiante)
460 g de sucre
1 gousse de vanille
40 g d'amandes hachées
30 g de raisins secs
5 œufs moyens
1 cuillerée à café de Grand Marnier
1 jaune d'œuf pour dorer

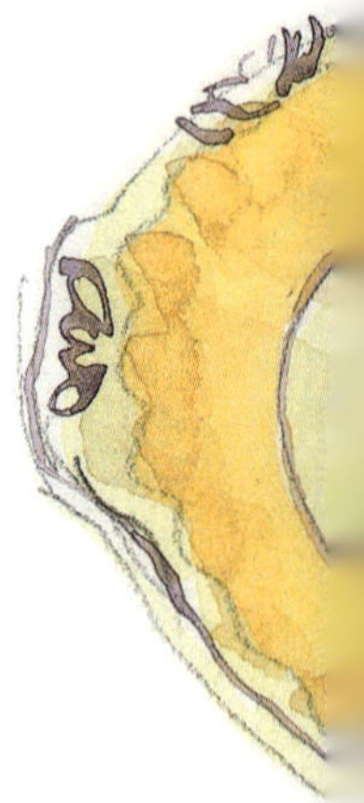

Dans un cul-de-poule ou un saladier, travailler au fouet ou au batteur le beurre en pommade avec le sucre pendant 4 ou 5 min.
Ajouter les œufs un par un en travaillant bien ce mélange entre chaque œuf (important).
Incorporer la farine et bien lisser le mélange, ajouter les graines de la gousse de vanille fendue et le Grand Marnier.
Etaler cet appareil dans un moule rond ou rectangulaire préalablement beurré, le dorer avec un jaune d'œuf à l'aide

Le clin d'œil de Dame Nicole

Dans ce grand mas, je me suis glissée dans un confortable fauteuil, profond comme un roman shakespearien. Pour un peu vous entendriez battre le cœur des vieux murs qui vous livreront peut-être les secrets des amoureux, face à cette magnifique vue sur les Alpilles.

d'un pinceau et répartir sur la surface les amandes hachées et les raisins. Mettre au four à 180 °C pendant 35 à 40 min, surveiller la cuisson.
Laisser refroidir complètement. Pour démouler, passer sur le feu de la gazinière pendant 2 min.
Mettre sur une grille.
On peut le servir entier ou le découper en triangles ou rectangles pour en faire des petits gâteaux individuels à déguster à l'heure du thé.

Petits doigts « Hanaya et Manolee »

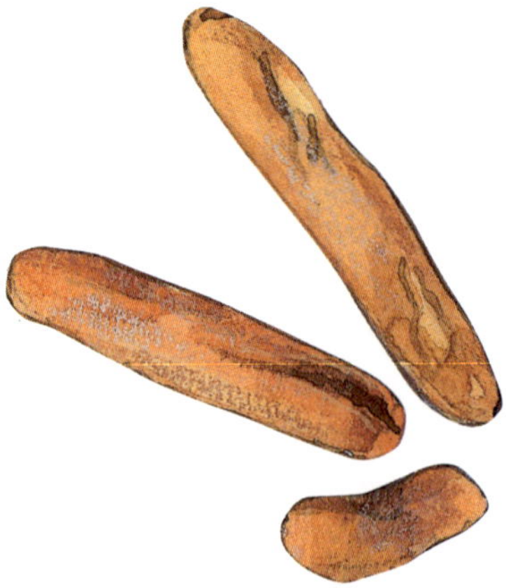

INGRÉDIENTS POUR 20 BÂTONNETS

70 g de poudre de noisettes
2 œufs
250 g de farine
70 g de sucre (pour la pâte)
75 g de beurre
5 cl de rhum
90 g de sucre parfumé
avec 1 pincée de cannelle
1 pincée de sel

Dans un cul-de-poule, à l'aide d'un fouet ou d'un batteur, travailler les œufs avec le sucre jusqu'à blanchiment.
Ajouter la poudre de noisettes, le beurre fondu, le rhum et le sel, bien mélanger le tout.
Incorporer la farine petit à petit, bien la lisser.
Laisser reposer pendant 2 h au réfrigérateur.
Reprendre cette pâte et la détailler en petites boules de la taille d'une grosse noix. Entre les paumes de la main, former de petits bâtonnets en forme de « petits doigts ».

Le clin d'œil de Dame Nicole

La pâtisserie séduit non seulement les papilles, mais aussi les yeux. « *Les yeux sont de diverses natures parce qu'ils sont faits de diverses choses, de chair, de nerfs, de graisse et d'humeur… et par leur malice, il convient de les manger* » (Aldebrandin de Sienne). A deux jolies petites frimousses qui ont la chance d'avoir une « mamy Yolande » qui est un véritable cordon-bleu.

Chauffer la friture et y jeter par petites quantités les petits « doigts de lutin ».
Les sortir dès qu'ils sont dorés, les déposer sur du papier absorbant, les saupoudrer du sucre parfumé à la cannelle. A déguster sans attendre.

Biscuits de la « baronne Brigitte »

INGRÉDIENTS POUR 30 À 35 BISCUITS

250 g de beurre (à température ambiante)
180 g de poudre d'amandes grises
105 g de farine
25 g de sucre glace
1 pincée de sel
125 g de sucre en poudre
1 cuillerée à café de cannelle en poudre
1 cuillerée à café d'extrait de vanille

Dans un cul-de-poule, à l'aide d'un batteur, travailler le beurre et le sucre afin d'obtenir une crème bien lisse.
Incorporer la poudre d'amandes, la vanille, la cannelle et la farine et travailler pour obtenir une pâte bien homogène. En faire une boule, la fraiser sur la table de travail avec la paume de la main. La déposer au réfrigérateur enveloppée dans un linge. Laisser reposer pendant 45 min.
Sur la table de travail sucrée au sucre glace, prendre une partie de la pâte, la rouler à la main pour en faire un boudin de la grosseur d'un pouce. Détailler dans ce boudin, à l'aide d'un couteau, des morceaux de 6 ou 7 cm de long.
Amincir très légèrement en pointe les deux extrémités et leur donner la forme d'une demi-lune, déposer sur une plaque beurrée.
Faire cuire à four moyen (175 °C) pendant 20 min. Laisser dorer très légèrement. Déposer sur une grille dès la sortie du four et saupoudrer de sucre glace.

Le clin d'œil de Dame Nicole

Pour moi, les friandises, les douceurs, c'est la mémoire des sentiments.
« *Le sentiment est tout, les noms ne sont que du bruit* » (Goethe, *Faust*).
Le clin d'œil à Véronique, la fille de la baronne de Grelin,
une très jolie Arlésienne.

Galettes provençales à l'orange « Guillaume de Barrême »

INGRÉDIENTS POUR 20 GALETTES

120 g de beurre
150 g de sucre semoule
50 g de sucre roux
2 jaunes d'œufs
Jus et zeste de 1 orange
225 g de farine
1 pincée de fleur de sel
1 sachet de levure chimique

Dans un cul-de-poule, bien travailler au batteur le beurre, le sucre semoule, le sucre roux avec les jaunes d'œufs, le jus et le zeste d'orange. Mettre de côté.
Dans un saladier, mélanger la farine, la fleur de sel, la levure, verser en pluie dans le mélange précédent et bien lisser.
Former une boule, l'envelopper dans un linge et la laisser reposer au réfrigérateur pendant 2 h.
Reprendre la pâte, la détailler en petites boules, les rouler entre les paumes de la main.

Le clin d'œil de Dame Nicole

Guillaume de Barrême, tenaillé par la passion de la peinture, prit des leçons avec Antoine Raspal, le maître local en Arles. Il suivit ses leçons avec beaucoup d'assiduité et s'éprit de la sœur du maître, Catherine, qui ne fut pas insensible à ses avances et lui donna un fils. Ce dernier fut doté du nom de famille d'un cousin, Réattu, et généreusement aidé par son père naturel. Réattu fit preuve d'un réel talent. Lauréat du grand prix de Rome, il exécuta le rideau de scène du théâtre de Marseille.
A sa mort, sa demeure arlésienne, un ancien relais de templiers dominant le Rhône, fut léguée à la Ville. Aujourd'hui, c'est le musée Réattu. Il abrite les collections de peinture de la cité, et notamment un bel ensemble d'estampes de Picasso qui aimait assister aux corridas où brillait son ami Dominguin. A travers les étroites fenêtres, on aperçoit le flot vert et indifférent du Rhône. Le fleuve est éternel, Arles aussi.

Les déposer sur une plaque préalablement beurrée, les espacer, les aplatir à la fourchette.
Cuire dans un four à 180°-190 °C pendant 10 min. Quand les gâteaux ont bruni, les sortir du four et les laisser refroidir sur une grille.

Conversations de « tante Carlotta et tante Marie »

Ingrédients pour 30 pièces

300 g de pâte feuilletée (voir recette pâtes)
250 g de crème frangipane (voir recette crèmes)
100 g de crème pâtissière (voir recette crèmes)

Recette de la glace royale

150 g de sucre glace
1 blanc d'œuf

Travailler le sucre glace à l'aide d'une spatule de bois avec une partie du blanc d'œuf, ajouter si nécessaire un peu de blanc d'œuf afin d'obtenir une pâte assez ferme (elle ne doit pas couler).

Recette des conversations
Pour foncer les petits moules à tartelettes, abaisser la pâte feuilletée en un rectangle ou carré de 2 mm d'épaisseur.
Mettre de côté en la séparant en deux parties égales.
Poser sur la table de travail les moules serrés les uns contre les autres en quinconce.
Mouiller les moules à l'aide d'un pinceau.
Déposer à plat sur les moules la moitié de la pâte feuilletée. Avec un morceau de pâte entre l'index et le pouce (une astuce pour ne pas déchirer la pâte), tapoter chacun des petits moules pour enfoncer la pâte à l'intérieur.
Mouiller légèrement au pinceau toute la surface de la pâte.

Le clin d'œil de Dame Nicole

Tante Charlotte dite « Carlotta » bavardait des heures avec sa cousine, tante Marie. Chut ! top secret. La baronne parlait volontiers des peintres Van Gogh et Gauguin, mais avec une sainte indignation : *« Ces deux voyous de Gauguin et de Van Gogh, non contents de se ridiculiser en Arles avec l'affaire de l'oreille coupée, n'avaient-ils pas eu l'audace de proposer leurs croûtes à mon arrière-grand-mère ? Celle-ci avait eu le bon sens de refuser de les acheter.* » Pas banales leurs vies ! Dommage pour les descendants !

Piquer à l'aide d'une fourchette chacun des petits moules pour empêcher la pâte de monter.
Mélanger la crème frangipane avec la crème pâtissière.
Garnir chacun des moules aux trois quarts de cette crème.
Prendre l'autre moitié de pâte feuilletée, la poser à plat sur les moules afin de les recouvrir.
Prendre deux rouleaux à pâtisserie, les poser sur l'ensemble des moules en les roulant afin de les séparer.
A l'aide d'une spatule métallique, recouvrir chaque moule d'une légère couche de glace royale.
Récupérer les restes de pâte feuilletée, les abaisser à nouveau de 1 ou 2 mm et en faire des bandelettes de 3 mm de largeur.
Disposer en croisillons quatre petites bandelettes de pâte, deux dans un sens, deux en travers pour former des losanges (c'est-à-dire rioler).
Cuire dans un four préalablement chauffé à 180 °C et diminuer la température à 160 °C 10 min après.
Cuire pendant environ 20 min. Quand les bords de la glace royale commencent à brunir, sortir les moules du four. Démouler et déposer sur une grille.

Darioles « docteur Thapon »

INGRÉDIENTS POUR 12 PIÈCES

300 g de pâte feuilletée (voir recette pâtes)
150 g de crème frangipane (voir recette crèmes)
75 g de crème pâtissière (voir recette crèmes)
50 g de nappage abricot

Abaisser la pâte feuilletée en un rectangle de 4 ou 5 mm d'épaisseur de la longueur de la plaque du four.
Couper le rectangle en deux dans le sens de la longueur.
Poser l'une de ces bandes sur la plaque du four mouillée au pinceau.
Découper les bords pour en faire un rectangle parfait de 8 ou 9 cm de largeur à même la plaque.
Mouiller au pinceau les deux côtés de cette bande sur 2 ou 3 cm de largeur.
Mélanger la crème frangipane avec la crème pâtissière à l'aide d'un fouet.
Garnir le centre de la bande sur toute la longueur de cette préparation. L'étaler avec une spatule métallique sur 1,5 cm tout en laissant les deux bords mouillés vierges de crème.
Prendre le second rectangle, le plier en deux dans le sens de la longueur.
Avec le talon d'un gros couteau, inciser la partie centrale pliée sur la moitié de sa largeur.

La déplier, la poser sur la première bande garnie de sa crème. Coller avec les doigts les deux bords en les égalisant avec un couteau d'office.
Chiqueter (entailler très légèrement les bords tous les centimètres), dorer à l'œuf entier battu au pinceau.
Cuire à four chaud (220 °C) pendant 30 min. Surveiller.
Laisser refroidir. Bien napper au pinceau avec du nappage abricot. Couper en parts de 3 ou 4 cm de largeur.

Le clin d'œil de Dame Nicole

Merci au docteur Thapon qui a su me soigner si généreusement. « *Les douceurs mettent les esprits dans des dispositions qui nous hissent au sommet culinaire.* » Moi, j'en ai fais ma vie à travers mes deux restaurants, l'Ecu de Runfao (une étoile au guide Michelin) et le Ti-Koz.

Ponts-neufs « Monsieur de Réginel »

INGRÉDIENTS
POUR 25 À 30 PIÈCES
250 g de pâte à foncer
(voir recette pâtes)
200 g de pâte à choux
(voir recette pâtes)
200 g de crème pâtissière
(voir recette crèmes)
1 verre à porto de fleur d'oranger
1 œuf pour dorer

Foncer des petits moules individuels de 8 cm. Sur la table de travail, poser les moules serrés les uns contre les autres en quinconce.
Abaisser la pâte à foncer à 2 mm d'épaisseur en un carré ou un rectangle, suivant la disposition des moules.
Déposer à plat sur les moules la pâte à foncer. A l'aide d'un peu de pâte entre le pouce et l'index (un petit truc qui ne déchire pas la pâte), tapoter chaque moule pour bien enfoncer la pâte.
Garder les découpes pour faire des bandelettes de 3 ou 4 mm de large.
Pour la décoration
Piquer chaque fond de quelques coups de fourchette.
Préparer la pâte à choux et la crème pâtissière.
Laisser tiédir ces deux préparations. Mélanger à l'aide d'un fouet la crème pâtissière, la pâte à choux et la fleur d'oranger.
A l'aide d'une spatule métallique, garnir les moules de cette préparation en formant un dôme.
Décorer en plaçant dessus, en croix, deux petites bandelettes de pâte à foncer.
Dorer à l'œuf entier battu avec un pinceau.
Cuire à four moyen (200 °C) pendant 15 à 20 min.
Démouler à chaud et laisser refroidir sur une grille. On peut napper ces petits gâteaux d'une bonne confiture d'abricots maison.

Le clin d'œil de Dame Nicole

Monsieur de Réginel était ingénieur polytechnicien. Il a fait construire le célèbre « pont Régine » en Provence, près d'Arles. Ce pont fut immortalisé par Vincent Van Gogh qui, toute sa vie, a cherché à obtenir le maximum d'intensité et de vibration chromatique dans ses natures mortes et ses bouquets et fut ainsi le grand précurseur des fauves et des expressionnistes.

Sacristains

INGRÉDIENTS POUR 40 PIÈCES

250 g de pâte feuilletée
(voir recette pâtes)
200 g de poudre d'amandes blanches
50 g de sucre semoule

Le clin d'œil de Dame Nicole

À déguster religieusement ! Sauf pour le sacristain de Saint-Sauveur Notre-Dame-des-Miracles et de la cathédrale. À l'époque du père Le Coq, mon curé qui me prodiguait de si bons conseils.

Abaisser la pâte feuilletée à 4 mm d'épaisseur, en faire un rectangle régulier. Le dorer au pinceau à l'œuf entier battu.
Saupoudrer le rectangle de poudre d'amandes de façon régulière sur toute sa surface.
Saupoudrer ensuite de sucre semoule de la même façon.
Tapoter légèrement avec la main pour faire adhérer la poudre d'amandes et le sucre.
Couper de petites bandelettes de 2 cm de largeur sur 9 ou 10 cm de longueur.
Prendre les bandes par les deux extrémités et les tourner deux fois en tire-bouchon.
Les poser sur la plaque du four préalablement mouillée en collant bien les deux extrémités sur la plaque avec le pouce (cela permet de les cuire sans les détortiller).
Cuire à four chaud (200 °C) pendant 10 à 15 min.
Les sortir immédiatement.

Jésuites

Ingrédients pour 30 pièces
250 g de pâte feuilletée
(voir recette pâtes)
300 g de crème pâtissière
(voir recette pâtes)
75 g d'amandes hachées
au mixeur ou hachoir

Pour la glace royale
150 g de sucre glace
1 blanc d'œuf

Préparer la glace royale. Dans un bol, travailler le sucre glace avec le blanc d'œuf pour obtenir une pâte assez ferme qui ne coule pas (si besoin est, ajouter un peu de blanc).

Recette des Jésuites
Abaisser la pâte feuilletée à 4 mm d'épaisseur, faire un rectangle régulier.
Découper des bandes de 12 cm de large sur la longueur du rectangle.
Mouiller les bords de 1 cm.
Garnir de crème pâtissière la moitié de cette bande (6 cm) sur 1,5 cm d'épaisseur.
Rabattre l'autre moitié non garnie sur la crème pâtissière, coller les bords en écrasant avec les doigts.
Etendre la glace royale à l'aide d'une spatule métallique sur la bande confectionnée.
Parsemer sur la glace royale les amandes hachées.
Couper cette bande en triangles. Déposer ces triangles sur la plaque de four mouillée au pinceau. Laisser reposer 15 min.
Cuire à four moyen (160°-170 °C) pendant 20 à 25 min.
Surveiller la cuisson pour que la glace royale ne brunisse pas trop.

Le clin d'œil de Dame Nicole

À déguster avec modération ! Mais non… mais non ! Comme je le disais au père Le Coq, mon confesseur de la cathédrale de Rennes : « la gourmandise est un péché ! et bien, mon père, vous aurez plus de monde au confessionnal ». Il riait, et moi aussi.

Mirlitons
« Louise, Antoinette, Ferdinand »

INGRÉDIENTS
POUR 20 À 25 PIÈCES

300 g de pâte feuilletée
(voir recette pâtes)
100 g de poudre d'amandes blanches
150 g de sucre
50 g de noix hachées au mixeur
95 g de beurre
10 cl d'extrait de café
1 œuf

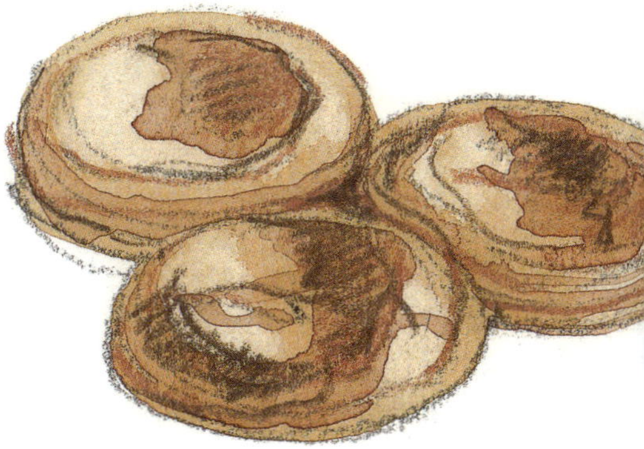

Travailler dans un cul-de-poule, au fouet ou au batteur, la poudre d'amandes, les noix réduites en poudre avec l'œuf.
Ajouter le sucre et donner du corps à la pâte en la travaillant fermement.
Ajouter le beurre fondu et l'extrait de café.
Mettre de côté.
Abaisser la pâte feuilletée à 3 ou 4 mm d'épaisseur, y découper des disques à l'aide d'un emporte-pièce cannelé de 9 ou 10 cm de diamètre.
Foncer les moules cannelés de 7 ou 8 cm, préalablement mouillés, en laissant déborder la crête.
Remplir les moules de la préparation mise de côté.
Poser à la surface de chacun trois demi-amandes blanches en trèfle.
Saupoudrer largement de sucre glace, cuire à four moyen (170°-180 °C) pendant 20 à 25 min.
Il est important de découper les disques avec un diamètre plus important que les moules. Cela permet de bien faire ressortir la crête pour la présentation.

Le clin d'œil de Dame Nicole

Mirlitons, une musique douce, des vers pour poésie scolaire qui laissent les parents béats devant leurs futurs Baudelaire, Ronsard, Vigny, Hugo… Sophie, journaliste, ne manquera pas de surveiller ses petits diablotins si adorables.

Crêpes flambées Suzette

« Docteur François-Xavier Sevestre »

Travailler dans un cul-de-poule la farine, le sucre, le sel, les œufs entiers plus le jaune d'œuf. Bien lisser à l'aide d'un fouet ou d'un batteur, ajouter petit à petit le lait, bien mélanger. Incorporer le beurre fondu, la moitié des zestes de citron et d'orange et le cognac.
Laisser reposer pendant 2 h.
Cuire les crêpes à la poêle.
Chauffer un plat long, dresser les crêpes sur ce plat, les garder au chaud.
Faire fondre dans une casserole le sucre avec une cuillerée à soupe d'eau, ajouter une noix de beurre, le reste des zestes râpés, le Grand Marnier, le cognac.
Chauffer à feu vif, verser sur les crêpes et flamber.
Un délice.

Trois variantes
Pour des crêpes plus aérées, ajouter un demi-verre de bière blonde à la pâte.
Pour des crêpes plus fines et dorées, remplacer l'huile par du beurre fondu.
Pour des crêpes plus légères, séparer les blancs des jaunes, les monter en neige avant de les incorporer à la pâte. Ne pas oublier de les parfumer.

INGRÉDIENTS
POUR 20 À 25 CRÊPES

250 g de farine
3 œufs entiers
1 jaune d'œuf
50 cl de lait
40 g de sucre
1 pincée de sel
75 g de beurre fondu
1 zeste de citron râpé
1 zeste d'orange râpé
1 petit verre de cognac
1 petit verre de Grand Marnier
10 g de beurre
4 morceaux de sucre

Le clin d'œil de Dame Nicole

Monte-Carlo, 31 janvier au Café de Paris. Un commis de 16 ans, intimidé, servait le prince de Galles, Edouard VII. Il s'embrouille, rajoute du cognac d'un geste brusque sur le réchaud et enflamme la crêpe. Paniqué, il sert profil bas. Le prince goûte, fait durer l'attente et explose : « *Qu'avez-vous fait à ces crêpes ?* » Silence dans la salle. « *Elles sont extraordinaires.* » Le coupable, soulagé, déclare alors avec aplomb : « *C'est une recette de mon invention, mais je propose à Son Altesse de lui donner son nom.* » « *Mais, je n'en suis pas digne, nous donnerons à cette femme merveilleuse qui est avec moi et se prénomme Suzette.* »
Cette Suzette, faute de passer à la postérité, s'inscrivit ainsi dans les annales de la gastronomie…
Un énorme merci au docteur Sevestre qui m'a sauvé ma jambe.
Une Sarah Bernard, c'était suffisant et irremplaçable.

Palmiers « Mon Charles-Henry »

INGRÉDIENTS POUR 20 PALMIERS
250 g de pâte feuilletée (voir recette pâtes)
150 g de sucre semoule

Préparer un pâton de pâte feuilletée, travailler comme indiqué.
Important : les deux derniers tours ne doivent plus être travaillés en utilisant abondamment non pas de la farine mais du sucre en poudre.
Abaisser la pâte en un rectangle régulier de 6 ou 7 mm d'épaisseur, toujours en utilisant du sucre et non de la farine.
Couper les bords très régulièrement.
Plier en ramenant au centre du rectangle les deux bords dans le sens de la longueur, replier à nouveau en deux.
Couper des tranches de 7 ou 8 mm d'épaisseur et les poser sur une plaque bien beurrée au pinceau. Relever

Le clin d'œil de Dame Nicole

« On ne se sent vraiment libre qu'avec les saveurs de son enfance. » J'espère t'en avoir beaucoup apporté, mon fils. A toi « mon amoureux des Indes, qui n'est jamais allé aux Indes… ». Maman Clissonne, maman soleil, maman nuages, maman d'amour… N'oublie jamais mon fils, dans la vie, on a qu'une maman. Il faut en prendre soin, le temps passe si vite.

vers le haut sur 1 cm les deux extrémités afin de maintenir la tenue du feuilleté.
Laisser reposer 10 min.
Cuire à four chaud (220 °C) pendant 10 à 12 min. Surveiller.
Les sortir quand le sucre est bien caramélisé.
Décoller à l'aide d'une spatule métallique et laisser refroidir sur une grille.

Saint-Nicolas
« Mado Souvanna »

INGRÉDIENTS
POUR 6 PERSONNES
500 g de farine
15 cl de lait
3 œufs
20 g de levure de boulanger
155 g de beurre
105 g de sucre
1 sachet de sucre vanillé
7 g de sel fin
1 cuillerée de fleur d'oranger
ou de bergamote

La décoration
1 œuf dilué avec
1 cuillerée à soupe de café
(pour dorer),
raisins de Corinthe,
amandes et noisettes grillées

Dans une casserole, faire tiédir le lait (à 30 °C environ), ajouter le beurre, les sucres et le sel. Incorporer la levure émiettée et laisser reposer dans un endroit tempéré pendant 15 min.

Dans un cul-de-poule, mettre la farine en fontaine, ajouter la préparation précédente à l'aide d'un fouet, bien lisser, incorporer les œufs un par un.
A l'aide d'un batteur muni de crochets, travailler jusqu'à l'obtention d'une pâte souple qui ne colle plus au bord du cul-de-poule.
Laisser lever dans un endroit tiède pendant 1 h en posant un linge dessus.
Ensuite, faire retomber la pâte en la malaxant un peu avec la main et modeler des petits bonshommes en roulant des fractions de 80 à 100 g de cette pâte.
Former la tête et le corps en aplatissant la pâte, et l'entailler avec un couteau pour former les bras et les jambes.
Pour faire les yeux, enfoncer des raisins de Corinthe. Disposer les petits bonshommes sur une plaque beurrée.
Laisser lever pendant 30 min. Badigeonner avec un œuf entier dilué avec une cuillerée à soupe de café.
Faire cuire à four moyen (180 °C) pendant 25 à 30 min.

Le clin d'œil de Dame Nicole

À Mado, mon amie, pour sa gentillesse et ses trois merveilleux fils qui veillent sur leur maman avec tendresse.
Comme disait le bon saint Nicolas : « *Il faut prendre les fêtes comme elles arrivent.* » Je confirme : la vie aussi, n'oubliez pas que le bonheur est fugace ! Insaisissable comme une étoile filante.

Bugnes d'Arles « Margot, Douceline, Véronique, Angélique »

Ingrédients pour 6 personnes
500 g de farine
6 œufs
100 g de sucre en poudre
1 pincée de sel
100 g de beurre doux
20 cl de lait
1 orange
1 citron
150 g de sucre glace

À l'aide d'un zesteur ou d'un couteau économe, prélever une douzaine de zestes de citron et d'orange sur toute la longueur.
Les faire blanchir en les jetant dans l'eau bouillante pendant 3 min, les égoutter. Sur la table de travail, déposer la farine en fontaine, ajouter le sucre, le sel, les œufs, le beurre en pommade et les zestes finement hachés.
Mélanger le tout à la main afin d'obtenir une pâte homogène. Avec la paume de la main, bien fraiser trois ou quatre fois.
La pâte doit avoir assez de consistance pour pouvoir êtreétalée facilement au rouleau. Si elle n'a pas la consistance voulue, ajouter du lait si elle est trop dure, du lait si elle est trop molle.

Le clin d'œil de Dame Nicole

Aux petites-filles de la baronne de Sambucy de Sorgue.
A Nice, on les appelait *gansa* ou *gance* ; elles ne diffèrent les unes des autres que par le pliage.
Les rectangles de pâte sont pincés au milieu, tordus et étirés pour former une ganse, un lacet que les anciens Niçois portaient en guise de cravate.

Laisser reposer la pâte en boule pendant 2 h au frais dans un linge.
Reprendre la pâte. La diviser en plusieurs morceaux.
Fariner la table de travail. Etaler cette pâte au rouleau pour obtenir une épaisseur de 3 ou 4 mm.
Avec la pointe d'un couteau, y découper des rubans de 10 à 12 cm de long et de 4 cm de large et former des nœuds.
Tremper rapidement quelques nœuds dans la friture très chaude, ils ne doivent pas se toucher. Dès qu'ils sont dorés, les retourner d'un côté à l'aide d'une spatule métallique.
Les retirer quand ils sont bien dorés des deux côtés et les égoutter sur un linge.
Recommencer avec la même promptitude jusqu'à épuisement de la pâte.
Poudrer de sucre glace, ils sont prêts à déguster.

Surprises aux pommes « Dame Nicole » du Ti-Koz

INGRÉDIENTS
POUR 4 PERSONNES

4 pommes golden ou reinette
200 g de miel liquide
2 cuillerées à soupe de jus d'orange
100 g de raisins secs
100 g de cerneaux de noix hachés
1 cuillerée à soupe de beurre
1 cuillerée rase de cannelle

Laver soigneusement les pommes sans les peler. Les couper en rondelles épaisses de 1 cm ou 1,5 cm. Retirer les cœurs et les pépins.
Dans un saladier, mélanger le miel, le jus d'orange, les raisins, les cerneaux de noix hachés au couteau (ou grossièrement avec un petit hachoir) et la cannelle. Tartiner les tranches de pomme avec cette préparation et reconstituer la pomme.
Déposer chaque pomme dans du papier d'aluminium. Mettre une grosse noisette de beurre sur chacune d'elles. Fermer les papillotes. Faire cuire à four moyen (180 °C) pendant 20 à 25 min. Servir tiède.

Le clin d'œil de Dame Nicole

« *Tout est permis lorsqu'on ne masque pas le produit* », affirme Robuchon. Un grand chef avec qui j'ai eu l'honneur de parler cuisine, un bon moment d'échange dans ma vie de restauratrice.
Je dédie cette recette aux demoiselles Elise, Marguerite et Andrée Le Coz, les grandes de la cuisine bretonne avec leurs 2 étoiles au guide Michelin ; elles ont su faire la renommée du restaurant Ti-Koz qui était un lieu magique par l'ambiance qui y régnait. « C'était une maison de femmes », se plaisaient-elles à dire. Le temps l'a confirmé dans cette si belle demeure d'hier…

Les nuages

« Danièle Le Mouël »

INGRÉDIENTS
POUR 6 PERSONNES

250 g de très bon chocolat blanc ou noir
2 blancs d'œufs
170 g de sucre en poudre

Râper le chocolat.
Battre les blancs en neige très ferme, incorporer le sucre en pluie en soulevant et en coupant délicatement. Ajouter doucement le chocolat râpé.
Laisser pendant 30 min bien au frais.
Disposer sur une plaque une feuille de papier sulfurisé.
Prendre une cuillère à café dans chaque main, avec l'une prendre une grosse noisette de cette pâte, avec l'autre détacher la pâte de la première cuillère et la faire tomber sur le papier en espaçant les petits tas de 2 ou 3 cm.
Mettre au four très doux à 150 °C (important, sinon les « nuages » éclateraient), pendant 20 à 30 min.
Laisser tiédir ou refroidir les petits gâteaux avant de les décoller du papier avec une spatule métallique.

Le clin d'œil de Dame Nicole

Pour toi Danièle, « existence multiple », vie emportée au rythme du soleil. Pour nous, tu perpétues le bleu des coucous des champs que tu aimais tant. Tu es au cœur de nos mémoires, ton souvenir reste intact. Tes amies, Annie, Suzanne, Catherine, Maryvonne et la cohorte des autres. Pour toi fin cordon-bleu ! Ces nuages fondent par leur légèreté dans la bouche. Relisez ce beau poème de Baudelaire, *L'Etranger*, qui m'a toujours fait rêver.

« *Qui aimes-tu le mieux, homme énigmatique, dis ?*
– Eh ! qu'aimes-tu donc, extraordinaire étranger ?
– J'aime les nuages… les nuages qui passent… là-bas… là-bas…
les merveilleux nuages ! »

Plaisir hongrois

Ingrédients pour 8 personnes

170 g de farine
300 g de sucre
6 œufs moyens
100 g de beurre (à température ambiante)
1/2 paquet de levure
1 paquet de sucre vanillé
200 g de cerneaux de noix
(ou de noisettes)
2 cuillerées à café rases de cannelle
en poudre

Séparer les jaunes des blancs (clarifier).
Hacher finement les noix ou les noisettes au couteau.
Dans un cul-de-poule, travailler au fouet deux jaunes d'œufs et 100 g de sucre jusqu'à blanchiment. Ajouter le beurre en pommade. Incorporer la farine tamisée et la levure petit à petit, bien lisser l'ensemble. Beurrer un moule rectangulaire ou carré. Répartir cet appareil dans le fond du moule à génoise bien beurré. Mettre de côté.
Dans un saladier, fouetter à l'aide d'un batteur quatre jaunes d'œufs, le reste du sucre (200 g), le sucre vanillé, la cannelle jusqu'à blanchiment. Ajouter les noix ou noisettes hachées. Mettre de côté.
Monter les blancs d'œufs en neige bien ferme, en verser un tiers dans l'appareil jaunes d'œufs plus noix (ou noisettes) pour ramollir la préparation, puis incorporer le reste

Le clin d'œil de Dame Nicole

Une des sœurs de Béatrix de Castelnau, Madame de Boulancy, veuve et vivant à Paris, s'éprit d'un de ses cousins, jeune officier. La malchance voulut que cet officier s'appelât Ferdinand Esterhazy et devint un élément central de l'affaire Dreyfus. Bafouée par son amant qui se comportait aussi mal en amour qu'en politique, Madame de Boulancy décida de se venger en livrant au *Figaro* la correspondance d'Esterhazy. Voyez derrière ses innocentes petites recettes de cuisine, écrites à la plume, l'histoire qui se fait et se défait. Ah ! la gourmandise, quelle merveilleuse tentation ! Ces gentils petits biscuits hongrois que l'on servait au XIXe siècle s'appelaient Süteménу. Dégustés traditionnellement vers minuit à la fin d'un somptueux repas pour accompagner le digestif ou le champagne, ils étaient, vous vous en doutez, fort appréciés !

des blancs délicatement à l'aide d'une large spatule en soulevant et en coupant délicatement.
Répartir cet appareil (œufs, sucre, noisettes et blancs en neige) de façon régulière dans le moule préparé précédemment (dont le fond est déjà garni de la première préparation).
Mettre au four à 200 °C pendant 20 à 25 min.
Sortir du four, laisser tiédir dans le moule.
Découper dans le moule à l'aide d'un couteau-scie des bandes de 2 cm de largeur sur toute la longueur que vous recouperez sur 6 cm de longueur afin d'obtenir des petits rectangles.
Retirer les biscuits du moule avec une spatule métallique et laisser refroidir sur une grille à pâtisserie.

Pêle-mêle des enfants sages de « l'école Saint-Michel »

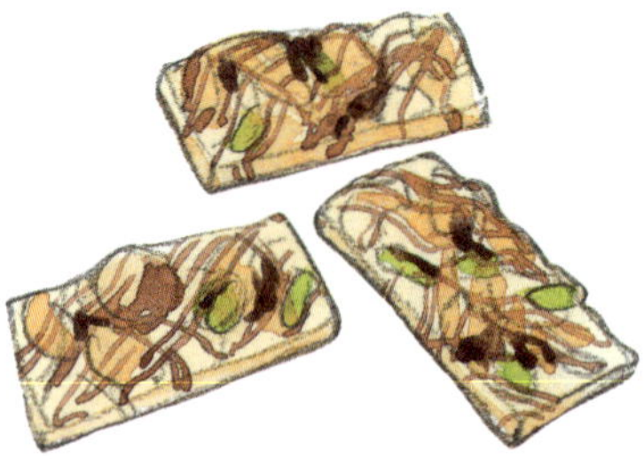

INGRÉDIENTS POUR 30 PIÈCES

Préparation de la pâte

300 g de farine
100 g de sucre glace
150 g de beurre
1 œuf
100 g de poudre d'amandes grises
Marmelade d'orange ou d'abricot
100 g de chocolat amer

Pour garnir la pâte

50 g de noisettes
50 g d'amandes
50 g de pistaches
50 g de cerneaux de noix hachés
50 g de raisins secs

Pour le décor et finition

100 g de sucre glace
1 blanc d'œuf

Sur la table de travail, mettre la farine en fontaine, ajouter au centre le sucre, le beurre, l'œuf et l'eau.
Mélanger le tout à la main et bien fraiser avec la paume pour obtenir une pâte bien homogène.
Laisser reposer 30 min.
Sur la table de travail farinée, abaisser au rouleau cette pâte à 6 ou 7 mm d'épaisseur.
Découper des rectangles de 8 x 4 cm, les disposer sur une plaque légèrement beurrée.
Cuire à four doux (160°-170 °C) pendant 20 à 25 min, les sortir dès qu'ils sont bien dorés.
Laisser refroidir.
A l'aide d'une spatule métallique, recouvrir d'une légère couche de marmelade d'orange ou d'abricot la face de chacun de ces petits rectangles.
Disposer dessus des amandes, des noisettes grillées, des pistaches, des cerneaux de noix

hachés, des raisins secs. Faire en sorte que les fruits collent à la marmelade en appuyant légèrement avec les doigts.
Confectionner des cornets avec du papier sulfurisé dont on coupera la pointe.
Faire fondre au bain-marie le chocolat, le remuer avec une spatule.

Préparer une glace royale
Dans un bol, travailler avec une cuillère le sucre glace et une petite partie du blanc d'œuf (à peine la moitié) pour obtenir un mélange ferme mais souple (surtout pas liquide).
Remplir le cornet de chocolat tiède et quadriller dans tous les sens de traits de ce chocolat sur chacun des petits gâteaux. Faire de même avec la glace royale, cela permet de faire tenir les fruits secs et offre un décor quadrillé à deux couleurs.

Le clin d'œil de Dame Nicole

« *La gourmandise est ennemie des excès* » (Brillat-Savarin).
Attention les enfants ! Je surveille ! Enfin juste un peu.
J'aimais bien vous offrir des bonbons quand les devoirs étaient faits. Coucou les enfants de l'école Saint-Michel à Rennes.

Tartelettes de poires au bordeaux
« Marc et Agnès Angelle »

INGRÉDIENTS POUR 8 PERSONNES

300 g de pâte feuilletée
(voir recette pâtes)
5 poires
65 cl de médoc
15 cl de crème de cassis
180 g de sucre
Le jus de 3 oranges
1 citron
Cannelle
1 clou de girofle

Appareil à tarte alsacienne

3 œufs
60 g de sucre
20 cl de lait
5 cl de crème

Foncer les moules à tartelettes de pâte feuilletée. Les piquer à la fourchette. Réserver au frais.
Eplucher les poires, les couper en deux et les citronner.
Faire bouillir le vin rouge avec la crème de cassis. Ajouter les poires, le sucre, le jus d'orange, une pincée de cannelle, le clou de girofle et le zeste d'un demi-citron. Cuire à feu très doux pendant 30 à 35 min.

Le clin d'œil de Dame Nicole

Je dédie cette tarte à un très grand chef étoilé et surtout généreux comme sa femme. Les Rennais n'ont pas oublié sa merveilleuse cuisine. « *Juteuse, fondante, la poire est galante. Elle a des rondeurs offertes comme une divette ; au toucher, elle love dans la main des seins en poire. La peau différente de la pomme ne se consomme pas : fragile, de nature délicate, la poire doit être dénudée, déshabillée, comme une belle au pied du lit* » (Jacques Puisais).

Egoutter et laisser refroidir.
Cuire à four chaud (190°-200 °C) pendant 10 min les tartelettes à blanc (garnies de papier aluminium recouvert de haricots secs) pour éviter que la pâte ne gonfle.
Sortir du four, ôter le papier d'aluminium et les haricots.
Emincer les poires au vin en fines lamelles.
Les disposer au centre des tartelettes.
Fouetter au batteur les œufs et le sucre jusqu'à blanchiment, ajouter le lait froid et la crème.
Remplir les fonds de tartelettes de cet appareil, disposer par-dessus les poires.
Remettre les tartelettes à four moyen (160 °C) pendant 15 à 20 min.
Les dresser sur une assiette avec le jus de cuisson des poires très réduit (consistance sirupeuse).
Cette tarte s'accommode très bien avec un flan de cassonade *(voir recette ci-dessus)*.

Flan cassonade
« Mademoiselle Fleur Angelle »

INGRÉDIENTS POUR 8 PERSONNES

50 cl de crème fleurette
3 jaunes d'œufs
2 œufs
80 g de sucre cassonade
8 cl de rhum ou de Grand Marnier

LA VEILLE

A l'aide d'un fouet ou d'un batteur, bien fouetter pendant 3 min le sucre cassonade avec les œufs entiers et les jaunes. Incorporer la crème fleurette tiède, le rhum (ou le Grand Marnier).
Verser dans un plat en terre beurré et cuire au four à 150 °C pendant 25 à 30 min. Bien surveiller.
Laisser refroidir 12 h.

Le lendemain

Découper dans le flan, à l'emporte-pièce rond, ovale ou en forme de cœur, des parts individuelles. Saupoudrer les flancs de sucre cassonade, gratiner au chalumeau ou sous le gril du four. Ce flan peut être servi seul comme dessert directement dans le plat, c'est un délice.

Le clin d'œil de Dame Nicole

À Fleur, un bouton qui ne demande qu'à s'épanouir.

Marcellin
dit aussi le Réal

« Bernard Gau »

Ingrédients pour 25 pièces

200 g de pâte à foncer
(voir recette pâtes)
50 g d'amandes blanches
fraîchement émondées
500 g de sucre
10 œufs
(jaunes et blancs séparés)
15 g de farine
10 cl de kirsch ou d'anisette

Pâte à foncer

C'est ma recette de pâte personnelle
Vous pouvez aussi la faire
avec la pâte « Sandrine »
250 g de farine
125 g de sucre glace
1 gros œuf
125 g de beurre
(à température ambiante)
Rhum
Vanille en poudre

Cette pâte peut être préparée la veille, et on peut foncer les petits moules à l'avance.
Sur la table de travail, mettre la farine en fontaine, ajouter le sucre glace, l'œuf, le beurre, le rhum et la vanille.
Mélanger le tout à la main en la fraisant plusieurs fois avec la paume pour en faire une pâte bien homogène.
Mettre en boule. Cette pâte se congèle très bien.
Foncer des moules individuels ronds assez hauts.
Travailler au fouet ou au batteur, dans un cul-de-poule, le sucre avec les jaunes d'œufs, bien les blanchir.
Incorporer la poudre d'amandes, la farine, le kirsch et l'anisette. Bien lisser au fouet.
Mettre de côté.
Monter en neige très ferme les blancs d'œufs et les incorporer à l'appareil préparé précédemment en les soulevant et en les coupant délicatement.
Garnir à ras bord les moules foncés de cet appareil et les poudrer abondamment de sucre glace.
Cuire à four doux (160°-170 °C) pendant 15 à 20 min, surveiller la cuisson. Sortir les gâteaux avant que le sucre noircisse.

Le clin d'œil de Dame Nicole

Je dédie cette recette à mon kinésithérapeute de Kerpape (Centre de rééducation fonctionnelle à Lorient) qui m'a, grâce à son talent et sa patience, remise debout. Ce coquin qui captait mon esprit en me tenant des propos gourmands pour mieux torturer mes bras et mes jambes à des fins bénéfiques. Un grand merci.

g â t

Grands

e a u x

Pain d'épice à l'ancienne

Ingrédients pour 6 personnes

300 g de miel brun (miel de sapin)
125 g de farine de seigle
250 g de farine de blé
1 œuf
1 cuillerée à café d'anis étoilé (en poudre)
1 cuillerée à café de cannelle
3 clous de girofle écrasés
2 sachets de levure chimique
1 sachet de sucre vanillé
100 g d'écorce d'oranges confites coupée en dés
100 g d'écorce de citrons coupée en dés

Chemiser le moule avec du papier sulfurisé.
Dans une casserole, chauffer le miel jusqu'à ébullition, écumer pour enlever la mousse.
Dans un cul-de-poule, déposer la farine de seigle et la farine de blé, mélanger.
Verser le miel bouillant sur les deux farines tout en remuant rapidement à l'aide d'un fouet pour obtenir une pâte bien homogène.
Travailler cette préparation jusqu'à obtention d'une pâte seulement tiède, ajouter alors l'œuf, la levure, l'anis, la cannelle, les clous de girofle écrasés, le sucre vanillé, les dés d'écorce d'oranges et de citrons confits.

Le clin d'œil de Dame Nicole

À Marc Tizon, un grand de la cuisine rennaise qui officie à *L'Oustaù de Baumanière* auprès d'un autre grand, Jean-André Charial, petit-fils de monsieur Raymond Thuillier que j'ai bien connu quand j'avais 25 ans, c'était hier… J'ai redécouvert cette élégante demeure du XVIe siècle, merveilleusement accueillie par Serge Meloni. La tradition, c'est de faire le pain d'épice en forme de cœurs : c'est un gage d'amour que les fiancés ne manquent jamais de s'offrir. Et la baronne Louise ne manquait pas de les marier chez son ami, monsieur Thuillier.

Laisser reposer pendant 1 h.
Verser dans un moule à cake préalablement beurré ou garni de papier sulfurisé.
Cuire dans un four préalablement chauffé à 180 °C pendant 30 à 40 min.
Démouler et laisser refroidir sur une grille.

Une astuce : le pain d'épice à l'ancienne se prépare uniquement avec de la farine de seigle.

Bavaroise « tante Charlotte » de Montmajour

INGRÉDIENTS POUR 6 À 8 PERSONNES

50 cl de lait entier
6 jaunes d'œufs
200 g de sucre
6 feuilles de gélatine (15 g)
500 g de crème double
(dont 250 g pour la décoration)
1 verre à porto de kirsch
1/2 verre de lait
50 g de sucre glace
Fruits confits
Cerises confites

A faire la veille

Dans un cul-de-poule, mélanger la crème fraîche double ramollie avec la moitié d'un petit verre de lait et le sucre glace et mettre au réfrigérateur pendant 1 h afin que la préparation soit bien froide pour monter la chantilly.
Mettre la gélatine à ramollir dans de l'eau froide.
Faire bouillir le lait dans une casserole.
Travailler dans un cul-de-poule, au fouet ou au batteur, les jaunes d'œufs avec le sucre jusqu'à ce que le mélange blanchisse.

Verser le lait bouillant sur cet appareil tout en continuant de le remuer au fouet.
Remettre le tout dans la casserole.
Cuire à feu doux en remuant sans arrêt avec une spatule en bois jusqu'à ce que le liquide nappe la spatule (passer le doigt sur la spatule à l'horizontale, les deux bords ne doivent pas se rapprocher), retirer immédiatement du feu (surtout ne pas atteindre l'ébullition).
Reverser le tout dans le cul-de-poule et incorporer au fouet la gélatine bien essorée et le kirsch.
Mettre de côté, laisser refroidir.
Quand l'appareil est tiédi, monter la chantilly bien ferme. En incorporer la moitié (250 g) à l'aide d'une spatule en soulevant et en coupant délicatement.
Verser dans un moule à savarin préalablement mouillé et saupoudré de sucre semoule.
Y déposer quelques cubes de fruits confits et cerises confites, déposer dans le réfrigérateur.
Démouler de préférence le lendemain, mais 4 à 5 h peuvent suffire **(important)**.
Après avoir trempé quelques secondes le moule dans de l'eau chaude, déposer un plat sur le dessus et le retourner d'un coup sec.
Garnir le centre de chantilly avec une cuillère.
Pour la décorer, se munir d'une poche avec une grosse douille cannelée et décorer la partie centrale de petites pointes avec le reste de chantilly, faire un cordon tout autour de la base de la bavaroise, quelques cerises confites, angéliques, fruits confits donneront un plus à votre réalisation.

Le clin d'œil de Dame Nicole

Autrefois, cet entremets froid était désigné sous le nom de « fromage bavarois ». Est-il originaire de Bavière ? On pense que ce nom lui a été donné par un pâtissier français qui exerçait son art dans une maison seigneuriale de Bavière. Cette recette revient à ses descendants, Claude et Régine de Sambucy de Sorgue.

Vieux beurré breton « Mon Pépé » de Cléder

INGRÉDIENTS POUR 10 PERSONNES

500 g de farine
320 g de sucre semoule
4 jaunes d'œufs
400 g de beurre (à température ambiante)
150 g de raisins de Smyrne (facultatif)
15 gouttes de bergamote (facultatif)
1 jaune d'œuf (pour dorer)

Déposer sur la table de travail la farine, faire une fontaine, ajouter le sucre semoule, les jaunes d'œufs, le beurre, les raisins et la bergamote.
Malaxer le tout ensemble, à la main, afin d'obtenir un mélange homogène.
La fraiser trois ou quatre fois, mais sans trop la travailler.
En faire une ou deux boules selon la taille des moules (cette pâte se congèle très bien).
Fariner la table de travail. Abaisser au rouleau, faire un cercle parfait de la taille du moule, la galette devra faire au moins 2 cm d'épaisseur.
Poser cette pâte dans le moule beurré. Dorer à l'aide d'un pinceau au jaune d'œuf. Rayer à la fourchette dans les deux sens.
Cuire à four moyen (180 °C) pendant 10 min, puis baisser la température à 160 °C pendant 20 à 25 min. Surveiller.
Laisser refroidir, démouler très facilement en passant les moules quelques secondes sur le feu de la gazinière.

Une idée gourmande : foncer des petits moules, pas larges mais hauts (genre moules à baba) avec de la pâte. Creuser au milieu, déposer de la confiture de fraise maison et recouvrir de pâte le dessus, dorer au jaune d'œuf et mettre au four, une merveille !

Le clin d'œil de Dame Nicole

Une vieille recette familiale, bretonne et léonarde, facile et délicieuse. Faites ce gâteau qui est un régal, foi de Dame Nicole ! Soyez une maîtresse de maison tentatrice, vous resterez irrésistible à jamais. Autrefois, on le dégustait en faisant une partie de dominos où mon pépé était imbattable. En plus, il m'apprenait à lire et à allumer ses cigares.

Gâteau de toutes les « gentilles mamies du monde »

INGRÉDIENTS
POUR 6 PERSONNES
330 g de beurre fondu
6 œufs
200 g de sucre
330 g de farine
2 sachets de levure
2 oranges

Pour le sirop
6 oranges pressées
120 g de sucre

A faire la veille

Dans un cul-de-poule, fouetter à l'aide d'un batteur les œufs avec le sucre jusqu'au blanchiment (ruban).
Ajouter le beurre fondu, puis la farine et la levure, bien lisser au batteur.
Râper (zester) la peau des oranges, en presser le jus et ajouter les zestes et le jus au mélange.
Mettre à cuire dans un moule à génoise préalablement beurré et fariné, dans un four à 200 °C pendant 35 à 40 min. Sortir le gâteau lorsqu'il est bien doré.

Faire un sirop
Presser les oranges, ajouter le sucre, faire bouillir et mettre de côté. Piquer le gâteau avec une fourchette et l'arroser largement avec la moitié de ce sirop chaud, conserver l'autre moitié pour l'arroser de nouveau le lendemain avant de le servir.

Le clin d'œil de Dame Nicole

Le gâteau des mamies, c'est du bonheur tout simple avec, en prime, les souvenirs d'une mamie affectionnée et talentueuse.

Tarte au citron
« Guy Parigot »

INGRÉDIENTS POUR 6 PERSONNES

300 g de pâte sucrée
(voir recette pâtes)
4 œufs
150 g de sucre
75 g de beurre
3 citrons dont 1 pour décorer

Foncer un cercle à tarte pour six personnes avec la pâte sucrée.
Broyer au mixer les citrons entiers (peaux comprises), de façon à obtenir une véritable purée.
Travailler au fouet sans exagération les œufs, le sucre, y ajouter le beurre fondu (pas trop chaud) et la purée de citron. Verser cet appareil dans le cercle foncé.
Cuire à four moyen (190°-200 °C) pendant 30 à 40 min. Soulever délicatement avec une spatule métallique pour vérifier la cuisson du fond de la pâte sucrée. Quand elle est bien dorée, c'est cuit.

Découper de très fines tranches de citron entier, les couper en deux et décorer en inversant les demi-tranches de citron.
Pour rendre la tarte plus brillante, la napper avec de la gelée d'abricot bien fluide à l'aide d'un pinceau. On peut de la même façon confectionner de petites tartelettes individuelles.

Le clin d'œil de Dame Nicole

« *Prenez une tarte au citron, madame ! Cela fait maigrir.* » Souvenir d'une réplique, dans une pièce de théâtre jouée au TNB de Rennes sous la houlette de Guy Parigot, mon professeur au conservatoire de Rennes. Pour Guy, Molière, dans ses comédies, a souvent souligné les joies de la table : « *Lorsque j'ai bien mangé, mon âme est fermée à tout, et le plus grand revers n'en viendrait pas à bout !* » Plus tard, sa faim l'enrage : « *A tout prix, il faut que je mange… rien ne saurait m'en empêcher ! Que le bon Dieu m'envoie un ange, je le plume pour l'embrocher !* » J'entends encore Guy Parigot se délecter de cette tirade.

Far breton de Poulföen « Simon Dubois »

INGRÉDIENTS POUR 6 À 8 PERSONNES

175 g de sucre
250 g de farine
75 g de beurre
150 g de raisins de Smyrne
ou pruneaux
4 œufs
1 l de lait entier

Mettre à bouillir dans une casserole, le lait, le beurre et les raisins.
Dans un cul-de-poule, bien mélanger au fouet les œufs et le sucre, ajouter la farine tamisée, bien la lisser.

Le clin d'œil de Dame Nicole

Far, *fazz* en breton, est l'un des desserts traditionnels pour les fêtes familiales en Bretagne. Selon les régions, il contient des pruneaux, des raisins secs. A Saint-Pol-de-Léon, les Léonards le préfèrent nature, normal : ils savent tout endurer sans oublier d'avancer, c'est leur force ; en bonne Léonarde que je suis, j'en sais quelque chose pour l'avoir vécu. Je dédie cette recette à Simon, un futur grand chef ! Coucou aux parents Vasseur pour leur fameuse gelée de coing.

Quand le lait est bouillant, verser 25 cl de lait sur la préparation précédente et mélanger au fouet pour la ramollir.
Verser ensuite en une seule fois le reste du lait bouillant (il doit rester sur le feu) et fouetter énergiquement. La préparation durcit rapidement.
Verser dans un plat en terre cuite préalablement beurré à l'aide d'un pinceau.
Mettre au four à 180 °C pendant 20 min puis baisser la température à 170 °C et laisser cuire encore 20 à 25 min.
Si l'on suit cette recette à la lettre, les fruits ne tombent pas au fond et sont bien répartis. Voilà l'astuce !

Délice au chocolat « Mon lutin »

Ingrédients pour 6 personnes
4 gros œufs (blancs et jaunes séparés)
200 g de beurre
200 g de chocolat amer de couverture
100 g de sucre

Pour la chantilly
200 g de crème fraîche double

Faire fondre le chocolat dans une jatte posée dans une casserole d'eau frémissante. Mélanger au fouet. Faire fondre le beurre dans une casserole et l'incorporer au chocolat fondu, bien mélanger. Travailler dans un cul-de-poule, au batteur ou au fouet, les jaunes d'œufs avec le sucre jusqu'à blanchiment. Incorporer cette préparation au chocolat et beurre fondu, mettre de côté. Monter les blancs en neige très ferme. Incorporer les blancs en neige dans l'appareil chocolat, œufs, beurre à l'aide d'une large spatule en coupant et en soulevant très délicatement. Verser dans un plat, mettre au réfrigérateur pendant plusieurs heures, servir frais. Juste avant de servir, faire une chantilly avec la crème fraîche double froide *(voir recette crèmes)*, décorer le gâteau à l'aide d'une poche munie d'une grosse douille cannelée. Ou servir avec une cuillerée de crème fraîche double.

Le clin d'œil de Dame Nicole

J'ai toujours pensé que, comme l'amour, la cuisine ne s'apprend pas, elle se ressent. Seul le souvenir demeure, le reste a si peu d'importance. Le temps se lève, il faut tenter de vivre.

Pain de Gênes
« Robert et Catherine »

INGRÉDIENTS
POUR 8 PERSONNES
300 g de sucre semoule
250 g de poudre d'amandes
5 œufs entiers
3 jaunes d'œufs
50 g de Maïzena ou de farine
180 g de beurre
1 pincée de vanille
1 petit verre de curaçao

Travailler dans un cul-de-poule les œufs entiers, les jaunes d'œufs et le sucre semoule au fouet ou au batteur jusqu'a blanchiment, afin de former un ruban comme pour une génoise.
Incorporer à la spatule la Maïzena, la vanille, la poudre d'amandes.
Ajouter le beurre fondu tiède très délicatement à la spatule, puis le curaçao.
Verser l'appareil dans un grand moule rond à génoise préalablement beurré et dont le fond est tapissé d'un papier sulfurisé.
Cuire à four moyen (180°-190 °C) pendant 35 à 40 min.
Démouler le far à chaud sur une grille, laisser refroidir.

Le clin d'œil de Dame Nicole

A Fontchâteau, le *Calvaire* fut érigé par Jules-Jacques de Grelin. Le pèlerinage Notre-Dame part de la chapelle du château qui date de 1350. Il se déroule chaque année le dimanche qui précède le jeudi de l'Ascension, avec la statue de la Vierge de Tarascon, ramenée par un ermite en 1348. Il rassemble des pèlerins de toute la France et d'ailleurs. Pour la légende, les jeunes filles se purifiaient dans le bassin qui était à l'emplacement de la croix.

Tarte aux framboises ou aux mûres
« Chantal et Claude de . . . »

INGRÉDIENTS POUR 6 PERSONNES
300 g de pâte feuilletée (voir recette pâtes)
400 g de framboises (ou mûres)
200 g de crème fraîche double
75 g de sucre glace
100 g de gelée de framboises
1 œuf entier (pour dorer)

Mettre la crème fraîche pendant 1 h au réfrigérateur pour la monter plus facilement.
Abaisser la pâte feuilletée sur la table de travail pour en faire un carré de 25 x 25 cm de côté et de 4 ou 5 mm d'épaisseur.
Le déposer sur une plaque mouillée.
Avec le restant de la pâte feuilletée, découper des lanières de 2 cm de large et de 29 cm de long, et de 4 de 5 mm d'épaisseur.
Mouiller légèrement les bords de la pâte carrée dont la hauteur est de 2 cm à l'aide d'un pinceau.
Poser les lanières tout autour du carré, appuyer légèrement pour les coller, les tortillonner aux extrémités, c'est-à-dire faire un nœud. Laisser reposer 10 min.
Dorer seulement les bords avec un œuf entier battu.
Bien piquer le fond de tarte feuilletée.
Cuire à four chaud (200 °C) pendant 20 à 25 min, sortir du four quand la pâte est bien dorée. Mettre de côté et laisser refroidir.

Le clin d'œil de Dame Nicole

Un bon moment chez Chantal, accompagnée de sa sœur Claude, près d'Arles où l'on cueillait des mûres, exclusivement celles d'en haut, bien sûr. *« L'art culinaire a des sommets toujours plus hauts, conduisant les gastronomes enchantés au paradis des saveurs inédites et prodigieuses »* (Brillat-Savarin).

Faire la chantilly

Sortir la crème fraîche du réfrigérateur. La mettre dans un cul-de-poule et ajouter 10 cl de lait froid dans un cul-de-poule bien froid et monter au fouet jusqu'à ce qu'elle soit bien ferme. Y incorporer délicatement le sucre glace en pluie à l'aide d'une spatule sans la travailler.

Suite de la recette

Garnir votre fond de tarte feuilletée à l'aide d'une poche munie d'une grosse douille de 2 cm de cette chantilly.

Disposer les framboises (ou les mûres) bien rangées et serrées harmonieusement.

A l'aide d'un pinceau, napper très légèrement les framboises (ou les mûres) avec la gelée de framboises (ou de mûres).

Tarte aux poires au chocolat de la baronne Louise

INGRÉDIENTS POUR 6 PERSONNES

300 g de pâte sucrée (voir recette pâtes)
200 g de frangipane au chocolat
1 kg de poires fraîches ou au sirop
1 cuillerée à café rase de cannelle
50 g d'amandes blanches légèrement grillées

Pour la frangipane

125 g de beurre (à température ambiante)
125 g de poudre d'amandes blanches
125 g de sucre semoule
3 œufs
80 g de poudre de cacao
non sucré de très bonne qualité

Préparer de la frangipane. Dans un cul-de-poule, travailler le beurre en pommade au fouet ou au batteur, y ajouter les œufs un par un **(important)** afin que le mélange soit bien lisse. Incorporer la poudre d'amandes, le sucre et la poudre de cacao, travailler le tout pour obtenir un mélange homogène.

Abaisser la pâte sucrée à l'aide d'un rouleau à 4 mm d'épaisseur, foncer un cercle à tarte à fond amovible. Avec une fourchette, piquer légèrement le fond. Le garnir avec la frangipane sur une épaisseur de 1,5 cm minimum.

Couper en lamelles dans le sens de la largeur les demi-poires et les déposer à partir du centre vers le bord de la tarte en les aplatissant légèrement. Cela doit faire une garniture de cinq ou six demi-poires formant une rosace.
Cuire à four moyen (190°-200 °C) pendant 40 à 45 min. Surveiller la cuisson.
Sortir du four et laisser refroidir, démouler et décorer avec quelques amandes blanches légèrement grillées au four. Napper légèrement la tarte au pinceau avec un peu de confiture ou de gelée d'abricot pour la rendre brillante.

Le clin d'œil de Dame Nicole

Le saviez-vous ? Une succulente variété de poire s'appelle la louise-bonne. Deux conflits mondiaux avaient ruiné la France, ce qui eut des répercussions immédiates sur les grands propriétaires terriens dont cette famille faisait partie. Cette femme, après avoir eu une foule de domestiques, se retrouva seule avec comme unique aide Ildefonse, le sacristain du village. La devise des Castelnau : « *Nunc et semper* » (« Maintenant et toujours »). Cette femme de tempérament fit face.

Pain perdu
Jacky, le Mutin

INGRÉDIENTS
POUR **6** À **8** PERSONNES

1 baguette de pain rassis
60 g de beurre doux
40 cl de lait
160 g de crème fraîche
2 œufs entiers
2 jaunes d'œufs
1 petit verre de rhum
(cidre, vin blanc ou thé)
60 g de sucre en poudre
1 pincée de cannelle en poudre
70 g de raisins secs
10 g de beurre
50 g de sucre roux
75 g de confiture d'abricot
20 cl de miel

Pour le caramel

150 g de sucre
25 g de beurre

La veille, faire macérer les raisins dans le rhum (ou cidre, vin blanc, thé).
Dans une casserole, faire fondre à feu moyen le sucre avec le beurre en remuant sans arrêt avec une spatule en bois. Dès que le caramel est doré, le verser dans un plat en terre en le répartissant sur toute la surface.
Beurrer les bords du plat à four. Couper la baguette en tranches fines et les disposer dans le plat en couches successives en intercalant entre chacune d'elles les raisins secs.
Dans un cul-de-poule, à l'aide d'un fouet ou d'un batteur, travailler les jaunes et les œufs entiers avec le sucre en poudre jusqu'à blanchiment.
Incorporer le lait, la crème, le rhum (cidre, vin blanc ou thé), bien mélanger.

Le clin d'œil de Dame Nicole

Les mariniers ne jettent jamais rien, ils sont trop respectueux des rivières qu'ils habitent. C'est pourquoi ils maîtrisent l'art d'accommoder les restes de pain, entre autres. J'ai découvert ce petit monde en traversant Paris avec *le Mutin*, charmant petit remorqueur mené avec art par un patron aux allures superbes de prince pirate qui, en d'autres temps, n'aurait pas hésité à se mutiner… A Edmond, un intarissable et passionnant personnage et à Hélène « sa sirène », les plus anciens mariniers sur la Seine à bord de leur péniche *le Crépuscule*.

Verser cette préparation sur le pain, laisser reposer pendant 30 min afin que le pain s'imbibe bien de la préparation.
Faire cuire au bain-marie sur une plaque à four (ou un plat à hauts bords) remplie d'eau bouillante afin d'éviter que la crème ne tourne.
Saupoudrer de sucre roux et de miel et faire cuire au four à 170°-180 °C pendant 40 à 45 min. Juste avant la fin de la cuisson, chauffer la confiture d'abricots, pour la rendre molle.
Sortir du four et napper le pain perdu avec la confiture, laisser reposer.
En Angleterre, j'avais un faible pour la liqueur de Tia a Maria ou Drambuie que les Anglaises avaient l'habitude de prendre en digestif.
Vous pouvez aussi arroser au gré du goût de vos convives d'un trait de ces liqueurs.

Tourte aux pommes et aux noix « de château »

« Cyriaque, Cassilde, Bérénice, Sixtine, Thaïs, . . . »

INGRÉDIENTS POUR 6 PERSONNES

Pour la pâte

250 g de farine
2 œufs (dont 1 pour dorer)
1 pincée de sel de Guérande
125 g de beurre (à température ambiante)
125 g de sucre en poudre

Pour la garniture

600 g de pommes
100 g de cerneaux de noix hachés
100 g de raisins de Corinthe
1 cuillerée à café de cannelle en poudre
80 g de beurre
100 g de sucre en poudre roux
1 jaune d'œuf
4 ou 6 gouttes d'extrait de vanille
2 pincées de gingembre en poudre
2 pincées de noix de muscade râpée
1 clou de girofle pilé
1 petit verre de calvados
1 graine de cardamome pilée (extra pour le goût)

La veille, faire macérer les raisins de Corinthe dans le calvados.

Faire la pâte sablée. Sur la table de travail, déposer la farine en fontaine, l'œuf, le sel, le beurre, le sucre. Bien mélanger le tout à la main, fraiser deux ou trois fois avec la paume de la main.
Abaisser au rouleau la moitié de la pâte à 3 ou 4 mm d'épaisseur, foncer un moule à génoise (pour six personnes), préalablement beurré.
Abaisser à nouveau le reste de la pâte à 3 ou 4 mm, mettre de côté.
Peler les pommes. Oter les trognons. Les couper en quartiers. Hacher grossièrement les cerneaux de noix au couteau ou avec un petit hachoir.

Dans un cul-de-poule, mélanger le sucre avec les quartiers de pommes, les raisins secs macérés et égouttés, le gingembre, la noix de muscade, les cerneaux de noix, la cannelle, le beurre en pommade, le clou de girofle écrasé, la graine de cardamome pilée.
Verser ce mélange dans le fond de tarte.
Mouiller au pinceau le pourtour du moule à foncer.
Recouvrir le tout avec la moitié de pâte mise de côté, enlever l'excédent qui déborde du moule en appuyant tout autour avec le pouce.
Si vous êtes amoureuse, avec la pointe d'un couteau, découper au centre de la pâte la forme d'un cœur ou, si vous débordez d'amour pour votre belle, faites-en plusieurs à l'emporte-pièce avec la pâte restante (ça ne mange pas de pain) !
Poser le cœur que vous avez découpé près du trou central (cheminée), disposer les autres cœurs à votre guise sur le gâteau.
Dorer à l'œuf entier battu à l'aide d'un pinceau.
Mettre au four à 200 °C pendant 35 à 40 min.
Servir tiède ou froid. On peut verser de la crème fraîche par le trou de la cheminée.

Le clin d'œil de Dame Nicole

Un gâteau pour la Saint-Valentin. Dans les coutumes anciennes, le Valentin était un jeune homme prétendu au mariage qui était choisi par une jeune fille. Cette habitude était de caractère exceptionnel puisque c'était la fille qui choisissait le garçon. Cette exception est aujourd'hui devenue la règle, comme chacun sait ! On ne peut s'empêcher de penser aux amoureux de Peynet. En souvenir de la cueillette « des noix du château » à La Bourbansais avec les enfants et Grand-papa.

Flan de potiron « Lécluse »

Ingrédients pour 8 personnes

2 kg de potiron
3 œufs
3 cuillerées de farine
3 cuillerées de crème fraîche double
1 pincée de sel
1 pincée de paprika
Poivre
Gruyère

Éplucher le potiron cru, le couper en morceaux, le faire cuire à l'eau pendant 10 à 15 min, égoutter ; il doit rester 1 kg de chair cuite.
Dans un cul-de-poule, mettre les œufs, la farine, la crème fraîche double, sel, poivre, paprika. Mixer bien le tout.
Verser dans un plat beurré en terre, râper le gruyère en l'éparpillant sur le plat. Faire cuire au four préalablement chauffé à 210°-220 °C pendant 40 à 45 min.
Servir froid ou chaud.

Une idée gourmande : pour que la purée de potiron soit plus savoureuse, je la prépare à l'avance et je la congèle. En décongelant, la pulpe se sépare de l'eau, et vous pouvez jeter celle-ci pour que le parfum du potiron soit plus concentré. Je fais chauffer 50 g de beurre dans une poêle, j'ajoute le potiron et 25 g de sucre, je laisse cuire pendant environ 10 min jusqu'à ce que le potiron soit tendre. Mais j'aime celui de Simone Lécluse, qu'on se le dise !

Le clin d'œil de Dame Nicole

Ceci est la vraie recette de madame Lécluse. Je sais que c'est excellent, car elle a eu la grande gentillesse de m'en faire porter pendant ma convalescence. C'est une recette que je dédie à tous ses enfants, belles-filles et petits-enfants. Un « clin d'œil » aussi au baron de Lécluse qui régale les Rennais de ses crus prestigieux.

Fiadone
de madame Solange

INGRÉDIENTS
POUR 6 À 8 PERSONNES
4 œufs
(séparer les jaunes des blancs)
4 cuillerées à soupe
de sucre semoule
500 g de brocciu
ou de ricotta
Le zeste de 1 citron

Battre les jaunes d'œufs avec le sucre à l'aide d'un batteur, jusqu'à ce que le mélange soit blanc et mousseux.
Ajouter le brocciu (ou ricotta) écrasé et le zeste de citron.
Battre les blancs en neige très ferme et incorporer à l'aide d'une spatule large, en soulevant et en coupant délicatement (ne pas tourner), à la préparation précédente.
Verser le mélange dans un moule beurré et faire cuire au four à 180 °C pendant 20 à 30 min, jusqu'à ce que la fiadone soit gonflée et dorée.
Laisser refroidir un peu.
Déguster tiède ou froid.

Le clin d'œil de Dame Nicole

Une spécialité de Corte, située au centre de la Corse. On la nomme papure à Bonifacio et *imbrucciate* à Ajaccio. J'ai la chance d'avoir un dentiste aux doigts de fée qui me refait le sourire et m'équipera peut-être un jour d'une pince d'or, comme le crabe cher à Hergé. Il termine le merveilleux travail de Bernard Cadre qui m'a refait le « portrait », bien sûr. C'est la recette personnelle de sa mère, madame Solange Aubier-Santelli, qui régale son petit monde.
Merci à mon docteur Michel Aubier.

Le kouign-amann de Crozon « Cyril Prime »

Faire fondre la levure dans un peu d'eau tiède.
Dans un cul-de-poule, travailler la farine, le sel, la levure fondue, le sucre à l'aide d'un batteur muni d'un crochet à pâte tout en versant une partie de l'eau petit à petit **(important)**, afin d'obtenir une pâte qui se décolle des parois.
La prendre avec les doigts, elle doit être élastique. Quand elle commence à se décoller de la paroi, ajouter le beurre en pommade. Ramollir avec l'eau tout doucement pour lui enlever son corps tout en laissant tourner le batteur plus doucement. Quand la pâte reprend du corps, ajouter le reste d'eau.
Mettre de côté.

la garniture

Dans un cul-de-poule, travailler le beurre en pommade avec le sucre (important) à l'aide d'un batteur muni d'un fouet ou d'un croisillon, bien mélanger.
Mettre de côté.

INGRÉDIENTS
POUR **8** À **10** PERSONNES

La pâte

625 g de farine
12 g de sel
15 g de levure boulangère
50 g de sucre
50 cl d'eau
65 g de beurre
(à température ambiante)

La garniture

625 g de beurre
(à température ambiante)
625 g de sucre

Le clin d'œil de Dame Nicole

C'est la fameuse recette de Cyril qui fait fureur à Crozon. Pendant la saison, il est impressionnant de voir Ghislaine servir les touristes et les habitués devant sa boutique. Boulangers-pâtissiers de père en fils, ils ont l'amour du travail bien fait, je l'ai constaté en allant m'initier aux rudiments du kouign-amann. Je garde le souvenir ému du petit gamin qui venait me livrer le pain au restaurant. Pensée à Nanou, sa mère, une artiste qui a beaucoup contribué à son épanouissement.

Diviser la pâte avec un coupe-pâte en deux parties de 225 g chacune.
Diviser le mélange beurre/sucre en quatre parties égales de 225 g également.
Sur la table de travail farinée, déposer les deux pâtons (pâtes), ajouter dessus au centre les 225 g du mélange beurre/sucre. La pâte étant très molle, replier les bords pour recouvrir le beurre.
Sur une table bien farinée, l'abaisser à l'aide d'un rouleau en farinant largement la pâte.
La plier en trois, la retourner d'un quart de tour, fariner toujours la table, abaisser de nouveau et la replier à nouveau en trois, laisser reposer 5 min, abaisser de nouveau tout en farinant la table de travail, plier en trois, tourner d'un quart de tour et l'abaisser de nouveau.
Retourner la pâte pliée et la mettre dans un moule bien beurré en appuyant légèrement sur le centre pour l'étaler (sans être obligée de prendre la forme du moule, elle s'étale à la cuisson).
Cuire à four doux (150 °C) pendant 45 min.
Dix minutes avant la fin de la cuisson, sortir le moule et retourner le kouign-amann dans son moule afin qu'il prenne bien le beurre, terminer la cuisson. Lorsque le gâteau est complètement refroidi, saupoudrer de sucre semoule.

Vous pouvez aussi le faire en une seule fois, en le cuisant sur la plaque de votre four ; c'est un régal pour les yeux et puis on peut en manger un petit morceau pour goûter !

Pannequets « Anasthasie Garnier » dite Tasie

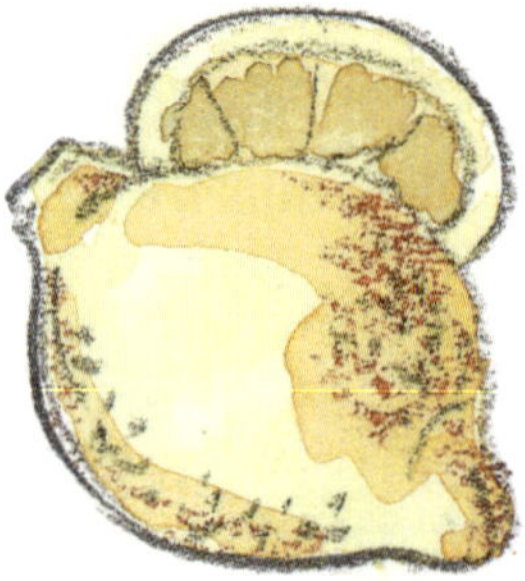

INGRÉDIENTS POUR 30 PANNEQUETS

250 g de farine
75 g de sucre
3 œufs entiers
3 jaunes
50 g de beurre fondu
60 cl de lait
1 pincée de sel
3 blancs d'œufs
10 cl de cognac, rhum ou autre liqueur
1 sachet de vanille
Quelques zestes d'orange
Quelques gouttes d'eau de fleur d'oranger

Dans un cul-de-poule, à l'aide d'un fouet ou d'un batteur, mélanger la farine, le sucre, une pincée de sel, ajouter les trois œufs entiers et les trois jaunes bien travaillés. Verser le lait petit à petit. Bien lisser.
Ajouter le beurre fondu couleur noisette (important).
Monter les blancs en neige très ferme et les incorporer délicatement dans l'appareil ci-dessus en soulevant et en coupant à l'aide d'une spatule large.
Laisser reposer la pâte pendant environ 3 h.
Dans une petite poêle bien chaude, légèrement beurrée à l'aide d'un pinceau, verser la quantité d'appareil nécessaire pour que le fond soit bien recouvert, en tenant compte du fait que le pannequet doit être excessivement mince.
Cuire à feu vif. Dès que le pannequet commence à se boursoufler par endroits, le retourner en le faisant sauter comme une crêpe.

Le clin d'œil de Dame Nicole

Anasthasie Garnier, une femme extraordinaire qui fut gouvernante dans quelques grandes maisons rennaises. Elle s'occupait de tout, veillait à tout, dirigeait tout, dans la lignée des fameux « butlers » anglais, ces majordomes formés à la dure école londonienne et que s'arrachent les grands de ce monde. Que voilà une très ancienne recette d'origine polonaise aujourd'hui presque oubliée ! Elle l'avait trouvée dans *Le Ménagier de Paris* qui date de Charles V. Remettez-la au goût du jour. C'est une recette appréciée en toutes circonstances. Avec les macarons et l'orgeat, un vrai délice. Je la dédie à sa petite-fille, Joëlle Jouvence-Bougier.

Quand le pannequet est cuit, le glisser sur le plat et le recouvrir d'une très légère couche de confiture ou de gelée de fruits ; pour conserver la chaleur de la crêpe, déposer le plat à l'entrée du four ouvert.
Il faut veiller à ce que la confiture ne déborde pas autour du pannequet, laisser 2 cm du tour non couvert.
La pression des pannequets l'un sur l'autre fait que la confiture s'étale d'elle-même (**important** : ne mettre qu'une très légère couche).
Continuer l'opération en superposant les pannequets.
Placer le dernier pannequet comme couverture sans gelée.
Terminer en le saupoudrant de sucre fin sur le dessus et le pourtour.
Il faut compter dix-huit à vingt pannequets pour confectionner le gâteau qui doit être servi chaud.

Une idée gourmande : on peut ajouter à l'appareil ci-dessus 25 cl d'orgeat et 50 g de macarons écrasés, c'est encore meilleur !

L'Armoricain « pour le personnel de Kerpape »

INGRÉDIENTS POUR 6 À 8 PERSONNES

Pour les fonds

8 blancs d'œufs
400 g de sucre
250 g de poudre d'amandes grises
100 g d'amandes brutes hachées grossièrement
40 g d'amandes brutes hachées finement et grillées

Pour la crème

300 g de crème au beurre
(voir recette crèmes)
3 blancs d'œufs
200 g de sucre semoule
100 g de praliné

Pour la meringue

4 blancs d'œufs
200 g de sucre

Faire les fonds

Monter en neige très ferme les blancs d'œufs à l'aide d'un batteur électrique, y incorporer très délicatement le sucre et la poudre d'amandes.
Sur une plaque beurrée et farinée, délimiter un cercle de 20 cm de diamètre en frappant la plaque farinée avec un cercle à tarte.
A l'aide d'une poche munie d'une grosse douille lisse de 10 ou 12 mm, former sur la plaque, en commençant par le milieu, une spirale pour remplir le cercle délimité de 20 cm.
Confectionner un deuxième disque identique sur une deuxième plaque.
Saupoudrer copieusement avec les amandes hachées.
Faire cuire à four très doux (120°-130 °C) pendant 3 ou 4 h. Décoller avec précaution à l'aide d'une spatule métallique dès la sortie du four (c'est fragile) et laisser refroidir sur une grille.

Finition de la crème au beurre

Mettre la crème au beurre en pommade à l'aide d'un batteur. Y incorporer le praliné.

Le clin d'œil de Dame Nicole

Le goût. Il nous invite au plaisir et à réparer les petits « bobos » de la vie, comme dit Souchon. Un grand merci à tout le personnel de Kerpape, « le grand centre de rééducation fonctionnelle ». Je ne vous oublierai jamais. Merci pour votre patience, votre gentillesse et votre compréhension. Kerpape est une grande leçon de vie. Coucou à l'inoubliable « Titine » qui avait un mot gentil et juste pour chacun. Titine, j'ai toujours votre bouilloire.

Faire une meringue suisse
Dans un cul-de-poule, mélanger les blancs d'œufs et le sucre.
Toujours dans un cul-de-poule, monter au batteur sur feu moyen en battant sans arrêt les blancs et le sucre en neige très ferme ; elle doit être très lisse et brillante (c'est l'avantage de cette meringue).

Finition de la recette
Laisser refroidir. L'incorporer alors délicatement à la spatule dans la crème au beurre ramollie. On obtient ainsi une crème au beurre très légère.
Garnir un des deux fonds préparés de cette crème sur une épaisseur de 2 à 2,5 cm ; bien la répartir de façon égale à l'aide d'une spatule métallique.
Poser le deuxième fond, côté amandes hachées en l'air.
Lisser seulement le côté à la spatule métallique avec le reste de la crème au beurre, le masquer avec des amandes finement hachées et grillées. Saupoudrer légèrement de sucre glace le dessus du gâteau.

Idée gourmande : cette crème au beurre légère peut être accommodée dans différents gâteaux.

Tarte aux prunes de la baronne Louise

INGRÉDIENTS
POUR 4 PERSONNES

Pour le caramel
100 g de sucre
50 g de beurre

Pour l'appareil
100 g de farine
100 g de sucre
2 œufs
70 g de beurre
Le zeste de 1 citron
1,2 kg de prunes

Dans une petite casserole, préparer le caramel en mélangeant sans arrêt à l'aide d'une spatule sur un feu doux le beurre et le sucre. Dès que le caramel est doré, le verser dans un moule à génoise et bien le répartir sur le fond du moule.
Dans un cul-de-poule, travailler au fouet ou au batteur les œufs avec le sucre jusqu'à blanchiment. Incorporer la farine et la levure, bien la lisser, ajouter le beurre tiédi et le zeste de citron.
Disposer dans le moule caramélisé les prunes dénoyautées, coupées en deux et bien serrées, côté peau sur le fond (important pour la présentation).
Verser l'appareil (œufs/sucre/farine/levure) préparé précédemment sur les prunes. Cuire à four moyen (180°-190 °C) pendant 30 à 40 min.
Dès la sortie du four, poser un plat sur le moule et, d'un geste sec, le rabattre sur le plat comme pour une tarte Tatin.

Le clin d'œil de Dame Nicole

Cette recette, qui figure dans le livre de la baronne, date de la fin de la Seconde Guerre mondiale. Le retour de la paix dut lui paraître bien ennuyeux. Elle avait passé le début de la guerre à l'hôpital de Tarascon. Elle s'y rendait chaque jour à pied, et y déployait une prodigieuse activité. Elle avait su se faire respecter des médecins militaires. Cette femme était faite pour les tempêtes de la vie. Seule la Seconde Guerre mondiale lui donna l'occasion de tenir tête à l'occupant, car elle parlait parfaitement l'allemand.

Le non autorisé « Servane et Francine »

INGRÉDIENTS
POUR 8 PERSONNES

Pour les fonds
8 blancs d'œufs
200 g de sucre
100 g de poudre de noisettes
100 g de poudre d'amandes

LA GARNITURE
250 g de crème au beurre
(voir recettes crèmes)
75 g de praliné

Le clin d'œil de Dame Nicole

« Bien qu'éloignés, les amis restent proches du cœur » (Wang Bo, 650-676).
« Celui qui reçoit ses amis et \ne donne aucun soin personnel aux pâtisseries qui leur sont préparées, n'est pas digne d'avoir des amis » (Brillat-Savarin).

Dans une terrine, mélanger au fouet la poudre d'amandes, la poudre de noisettes et le sucre.
Monter en neige très ferme les blancs d'œufs.
Incorporer doucement à l'aide d'une large spatule en soulevant et en coupant le mélange de poudre d'amandes, de noisettes et sucre.
A l'aide d'une poche munie d'une douille lisse de 6 ou 7 mm, dresser sur une plaque beurrée et farinée trois disques de 18 à 20 cm de diamètre.
Faire cuire à four doux (150°-160 °C) pendant 10 à 15 min. Surveiller, les sortir dès qu'ils sont bien dorés mais secs (important). Les décoller avec une spatule métallique et laisser refroidir sur une grille.

Ramollir sur la table de travail, à la spatule métallique, la praline avec un peu de crème au beurre et l'incorporer au restant de crème au fouet ou au batteur.
Bien arrondir chacun des fonds à l'aide d'un couteau et d'un cercle à tarte.
Poser sur la table de travail le premier fond, le garnir d'une couche uniforme de crème de 4 ou 5 mm d'épaisseur.
Poser le deuxième fond dessus, le garnir à son tour et poser le troisième fond à l'envers pour avoir une surface lisse.
Appuyer très légèrement (ces fonds sont fragiles), recouvrir d'une mince couche de crème le dessus et masquer les côtés à la spatule régulièrement. Masquer le tout avec des amandes effilées et grillées. Saupoudrer d'un peu de sucre glace.
Une merveille facile à réaliser !

Gâteaux à l'anis « petit Antoine »

INGRÉDIENTS POUR 6 PERSONNES

1 morceau de levure de boulangerie (12 à 15 g)
4 cuillerées à soupe d'eau
150 g de beurre
1 œuf
75 g de sucre
1 pincée de sel
1 cuillerée à soupe d'anis vert entier
200 g de farine
1 fève
1 jaune d'œuf pour dorer
Sucre cristallisé pour décorer la galette

Antoine

Délayer la levure dans l'eau tiède.
Dans un cul-de-poule, à l'aide d'un fouet, travailler le beurre en pommade avec l'œuf entier, le sucre, le sel et l'anis. Ajouter la farine et la levure fondue à l'aide d'un batteur muni d'un crochet, bien pétrir jusqu'à ce que la pâte se détache des parois du cul-de-poule.
Mettre la pâte en boule, la fariner légèrement, la couvrir d'un linge et la laisser lever dans un endroit tiède jusqu'à ce qu'elle ait poussé d'un tiers de son volume (30 à 40 min).

Le clin d'œil de Dame Nicole

C'est la recette
de la baronne Louise
de Sambucy de Sorgue,
arrière-arrière-grand-mère
du petit Antoine, son
adorable petit-fils,
qui sera à la hauteur
de la devise de sa famille,
« nunc et semper »,
maintenant et toujours.
Un jour tu seras le chef
de la famille.

Rabattre cette pâte à la main, glisser la fève dans la pâte, sur la table de travail farinée, la façonner en boule, la poser sur la plaque du four beurrée, mettre de côté dans un endroit tiède, la laisser lever d'un tiers 30 à 40 min. La dorer à l'œuf entier battu à l'aide d'un pinceau et la quadriller à l'aide de la pointe d'un couteau très légèrement. Saupoudrer de sucre cristallisé. Mettre au four à 190 °C pendant 25 à 35 min. Surveiller la cuisson, abaisser la température, si elle prend trop de couleur. Sortir du four, laisser refroidir sur une grille.

Farfadet aux cerises « Marie Thiboumery »

Ingrédients pour 6 personnes

300 g de farine
4 œufs (séparer les blancs des jaunes)
125 g de sucre
1 boîte de 500 g de cerises au naturel (ou fraîches)
1 sachet de levure chimique
300 g de fromage blanc (ou crème fraîche)
1 paquet de sucre vanillé
100 g de beurre
5 cl d'huile
3 cl de kirsch
1 pincée de sel pour monter les blancs

Mettre les cerises à égoutter.
Dans un cul-de-poule, travailler à l'aide d'un fouet ou d'un batteur les jaunes d'œufs avec le sucre, bien les blanchir.
Ajouter l'huile, le fromage blanc fouetté (ou la crème fraîche) à ce mélange. Incorporer délicatement la farine, la levure, le sucre vanillé, bien travailler pour lisser l'ensemble et ajouter le beurre tiédi.

Le clin d'œil de Dame Nicole

À une ravissante jeune fille ; à son père, l'artiste peintre qui m'a rendu « mon curé » à Kerpape ; à Clara pour sa douceur. A déguster avec un thé des Indes ou de Chine, car c'est la boisson des poètes, le breuvage que se partageaient les dieux et les hommes. Il aide à écrire parce qu'il est la seule nourriture terrestre qui donne un avant-goût de l'immortalité.

Monter les blancs en neige avec la pincée de sel (pour les empêcher de grainer), les incorporer délicatement en soulevant et en coupant à l'aide d'une large spatule.
Verser dans un plat en terre beurré. Déposer avec vos doigts les cerises bien égouttées une à une sur la surface de la préparation.
Mettre au four à 190 °C pendant 35 à 40 min.
Servir à même le plat. Pendant la saison, le confectionner avec des cerises fraîches.

Une idée gourmande : vous pouvez faire ce gâteau avec 250 g de crème fraîche double. Adieu régime, pas de culpabilité !

Tarte aux pêches à la pistache de Saint-Rémy-de-Provence

Ingrédients pour 6 personnes

Pour la pâte sucrée
250 g de farine
100 g de sucre semoule
100 g de beurre (à température ambiante)
100 g de poudre d'amandes
1 œuf

Pour la tarte
1 œuf
50 g de sucre
20 g de Maïzena
20 cl de crème fleurette
100 g de pâte de pistache
1 kg de pêches fraîches ou au sirop égouttées
50 g de sucre glace

Sur la table de travail, mettre la farine en fontaine, le sucre, le beurre, la poudre d'amandes et l'œuf. Amalgamer rapidement tous les éléments à la main afin d'obtenir une pâte homogène et la fraiser avec la paume deux ou trois fois. Laisser reposer au frais pendant 1 ou 2 h.
Avec la pâte sucrée, foncer un moule beurré de 25 cm de diamètre. Piquer le fond de pâte, couvrir de haricots secs et cuire à blanc pendant 15 à 20 min dans un four à 180 °C.

Le clin d'œil de Dame Nicole

Une fois par semaine, la baronne emmenait son petit-fils, Toinou, à Saint-Rémy-de-Provence pour rendre visite à une vieille demoiselle dont la maisonnette se dissimulait derrière l'actuel et incontournable *Café des Arts*. Ils prenaient le train, dit le *Tortillard*, en début d'après-midi, après avoir bu l'eau de coing ou la liqueur d'orange de Mademoiselle Sicard et discuté des potins locaux ainsi que de l'activité grandissante de Silvio, le patron du *Café des Arts*.

Mettre de côté. Laisser refroidir.
Préparer la crème pistache : travailler au fouet, dans un cul-de-poule, l'œuf avec le sucre jusqu'à blanchiment, incorporer la Maïzena délicatement.
Ajouter la crème liquide et faire épaissir dans une casserole à feu doux en remuant sans arrêt, surtout ne pas faire bouillir.
Ramollir la pâte de pistache sur la table de travail à l'aide d'une spatule métallique en y ajoutant une bonne cuillerée à soupe de l'appareil précédent. L'ajouter à l'appareil restant hors du feu, bien mélanger.
Laisser refroidir.
Verser l'appareil ci-dessus sur le fond de tarte refroidi.
Laver et sécher les pêches, les dénoyauter en les coupant en deux, puis recouper chaque demi-fruit en trois quartiers.
Disposer les fruits pointes vers le haut, côte à côte bien serrés dans le moule garni de l'appareil.
Saupoudrer abondamment de sucre glace.
Mettre au four à 200°-220 °C pendant 30 à 35 min.
Sortir du four lorsque les pointes des pêches sont brunes.
Servir la tarte tiède ou froide.

Tarte aux mûres « Laurent Baron Restif de La Bretonne »

INGRÉDIENTS
POUR 6 PERSONNES

300 g de pâte sucrée
(voir recette pâtes)
Confiture de mûres
500 g de mûres
100 g de sucre en poudre
20 cl de crème fraîche double

Idée gourmande : prendre la recette de la pâte sucrée « Sandrine ».
Foncer un grand moule à tarte de six personnes.
Cuire la pâte à blanc (avec des haricots secs) au four à 190 °C pendant 25 à 30 min. Laisser refroidir.
Répartir sur ce fond de tarte précuit un peu de confiture de mûres à l'aide d'une spatule, ajouter les mûres, répartir le sucre dessus.
Repasser au four pendant 5 à 10 min.
Servir avec une double crème fraîche légèrement battue.

Le clin d'œil de Dame Nicole

Cette recette de famille me vient de Laurent Baron, descendant direct de Restif de La Bretonne. Nicolas Restif de La Bretonne, écrivain libertin du XVIIIe siècle, qui écrivait notamment : « *Les mœurs sont un collier de perles ; ôtez le nœud, tout défile.* » A Georges dit « Jojo », journaliste et auteur du livre *Anglais, rendez-nous Napoléon* qui a eu la chance de côtoyer Sacha Guitry, Michel Simon, Louis Jouvet, Jean Cocteau, Jean Marais et même Line Renaud…

Pyrénéen de Luchon « Madame Candel »

INGRÉDIENTS
POUR 4 PERSONNES

250 g de farine
2 gros œufs
100 g de beurre
100 g de sucre cristallisé
20 cl de lait
10 cl d'eau de fleur d'oranger ou de rhum
1 pincée de sel
10 g de levure de boulanger

Délayer la levure dans un peu d'eau tiède.
Faire un levain avec 50 g de farine et la levure, mettre de côté pendant 1 h dans un endroit tiède.
Faire tiédir le lait avec le sucre, le zeste de citron et la fleur d'oranger ou rhum, ajouter le beurre, le laisser fondre en remuant à l'aide d'un fouet.
Incorporer le reste de la farine tamisée petit à petit et bien lisser le tout, laisser refroidir pendant 30 min.
Mélanger à cet appareil le levain préparé, bien mélanger l'ensemble.
Mettre de côté cette pâte dans un cul-de-poule recouvert d'un linge pendant 30 à 45 min dans un endroit tiède. Surveiller, la pâte doit lever d'un tiers.
Faire retomber cette pâte à la main, en faire une boule, l'aplatir un peu à la main, la déposer dans un moule beurré, mettre de côté dans un endroit tiède.
Laisser lever de nouveau d'un tiers et mettre au four à 200°-210 °C pendant 25 à 30 min.
Sortir du four et saupoudrer de sucre glace.

Le clin d'œil de Dame Nicole

Un dessert de l'hôtel Corneille, chez madame Candel, une femme de goût. Luchon était pour moi chaque année un lieu de sérénité et de réflexion pendant ma cure. Je me plaisais à rêvasser près de la cascade d'Enfer dans la vallée aux Lys, qui n'a rien à voir avec Balzac, mais que Victor Hugo a su si bien décrire. Au XIXe siècle, c'était le rendez-vous des grands poètes. Soleil… feu… Icare… soleil suspendu ! Je m'élançais de SuperBagnères à 1900 mètres d'altitude en delta-plane pour caresser les nuages.

Kugelhopf

« Docteur Jean-Pierre Chaumuzeau »

INGRÉDIENTS POUR 2 MOULES

1 kg de farine
150 g de sucre
15 g de sel fin
300 g de beurre en pommade
4 œufs moyens
40 cl de lait
45 g de levure de boulanger
150 g de raisins de Malaga
75 g d'amandes entières blanches
1 petit verre de kirsch
50 g de sucre glace pour le saupoudrage

Faire tremper les raisins de Malaga dans le kirsch.

Préparation du levain : 45 min à l'avance
Faire fondre la levure dans 20 cl de lait tiède.
Dans un saladier, déposer 100 à 150 g de farine en fontaine, y verser la levure fondue dans le lait, mélanger avec les doigts

Le clin d'œil de Dame Nicole

Marie-Antoinette l'adorait. Fait de pâte levée, il se préparait, non plus avec du levain comme au XVIe siècle, mais avec de la levure de bière, comme en Autriche. Certains auteurs pensent que c'est Marie Antoine Carême qui vulgarisa le gâteau à Paris, alors qu'il était établi pâtissier.

Heureusement, le docteur Dupré a fait que j'ai pu vous rencontrer. Vous avez su, avec intelligence et beaucoup d'humanité, me conseiller d'abandonner toutes ces drogues qu'on me faisait ingurgiter, me guider dans le choix d'un bon kinésithérapeute. Enfin, grâce à vous, je renais et j'ai quitté le rôle pénible de la « Dame aux Camélias ». Je renais à nouveau, je souris, et mes amis retrouvent mon habituelle joie de vivre.

Avec la complicité de Sophie Jacques, kinésithérapeute « respiratoire » à Rennes.

et travailler avec un fouet pour obtenir une pâte ferme et élastique (si elle est trop dure, ajouter un peu de lait). La mettre en boule, la déposer dans un récipient couvert d'un linge dans un endroit tempéré afin qu'elle lève.

Dans un grand cul-de-poule, mélanger la farine restante avec le sel, le sucre, les œufs, le restant du lait tiède.

Travailler énergiquement à l'aide d'un batteur muni d'un crochet à pâte jusqu'à ce que celle-ci se détache d'elle-même des parois du cul-de-poule ; elle doit être très élastique.

Ajouter le beurre en pommade à température ambiante et le levain, précédemment préparé et qui devra avoir doublé de volume.

Travailler encore cette pâte énergiquement, elle doit se détacher à nouveau des parois.

Couvrir d'un linge, et laisser reposer dans un endroit tempéré pendant environ 1 h.

Lorsque cette pâte aura levé d'un tiers de sa hauteur, la faire retomber en la cassant avec la main.

Ajouter les raisins de Malaga.

Dans le moule à kugelhopf bien beurré, déposer au fond dans chaque cannelure une amande. Déposer la pâte dans les deux moules jusqu'aux deux tiers de leur hauteur.

Laisser reposer de nouveau 20 à 25 min, surveiller.

Quand la pâte a levé presque à hauteur du bord du moule, mettre au four à 210°-220 °C pendant 40 à 45 min.

Si le kugelhopf se colore trop vite, réduire la température à 180°-190 °C. Contrôler la cuisson à l'aide d'un couteau qui doit ressortir sec. Démouler chaud, saupoudrer de sucre glace.

Gâteau américain des « Cincinnati », 1945

INGRÉDIENTS POUR 6 PERSONNES
300 g de pâte sucrée (voir recette pâtes)
250 g de mascarpone
12,5 cl de crème fraîche
7 cl de crème fraîche aigre
(l'aciduler au fouet avec 1 jus de citron)
2 feuilles de gélatine
2 gros œufs (séparer les blancs des jaunes)
100 g de sucre en poudre blanc ou roux
2 gousses de vanille ou 1 cuillerée
à café d'extrait de vanille
1 cuillerée de sucre glace tamisé

Mettre la gélatine à tremper dans l'eau froide.
Foncer un grand moule beurré pour six personnes avec la pâte sucrée, piquer le fond, garnir de haricots secs.
La mettre au four à 200 °C pendant 15 min, puis laisser refroidir.
Faire tiédir légèrement le mascarpone, la crème fraîche, la crème fraîche aigre et y incorporer à l'aide d'un fouet la gélatine bien égouttée.

Le clin d'œil de Dame Nicole

Je dédie ce gâteau aux Cincinnati et à son président, le duc de Choisel. En 1780, des Français sont partis, à la suite de La Fayette et de Rochambeau, pour aider les Etats-Unis à conquérir leur indépendance. Aujourd'hui, les descendants des officiers français et américains qui ont mené cette lutte victorieuse se retrouvent au sein de la société des Cincinnati pour célébrer l'amitié franco-américaine.

Dans un cul-de-poule, travailler, au fouet ou au batteur, le mascarpone avec les jaunes d'œufs, ajouter le sucre, les graines des gousses de vanille, bien lisser la pâte.
Monter en neige ferme les deux blancs d'œufs, les incorporer délicatement au mélange en soulevant et en coupant.
Verser sur la pâte précuite. Mettre à cuire dans un four à 160 °C pendant 1 h 15. Surveiller la cuisson. Sortir du four. Saupoudrer légèrement de sucre glace. Se déguste chaud ou froid.

Cake de la forêt de Brocéliande

« Maxence, Côme, Sixtine, Thaïs, Cyriaque, Cassilde, Bérénice »

INGRÉDIENTS POUR 2 MOULES À CAKE

250 g de beurre (à température ambiante)
250 g de sucre
6 œufs
325 g de farine
150 g de cerises confites
50 g de raisins de Smyrne
2 cl de rhum
25 g de bicarbonate de soude
1 bâton d'angélique

Dans un cul-de-poule, travailler le beurre en pommade au fouet ou au batteur.
Ajouter le sucre, bien travailler. Incorporer les œufs à température ambiante, un par un **(important)** en travaillant fermement la préparation entre chacun.
Le mélange doit être bien lisse. Si ce n'est pas le cas, faire chauffer doucement sur un feu très doux quelques minutes.
Incorporer la farine, bien la lisser.
Ajouter les raisins, les cerises confites, le bicarbonate, le rhum, et bien mélanger le tout.

Le clin d'œil de Dame Nicole

Le clin d'œil de Dame Nicole : la pâtisserie, c'est comme la poésie. « *La poésie la plus vraie est celle où il y a le plus d'invention* » (Shakespeare). À mes bons petits amis de Lorgeril avec qui je m'amuse bien dans la roulotte de Michèle dit « Mimi ».

Garnir les moules de papier sulfurisé et les remplir aux trois quarts de leur hauteur.
Mettre à cuire à four moyen (160°-170 °C) pendant 30 à 35 min. Vérifier la cuisson à l'aide d'un couteau, il doit ressortir sec. Laisser refroidir.
A l'aide d'un pinceau, glacer le dessus avec un peu de confiture d'abricots et décorer avec des cerises confites et des angéliques.

Tarte aux pruneaux à l'armagnac

INGRÉDIENTS POUR 6 PERSONNES

300 g de pâte sucrée (voir recette pâtes)
500 g de pruneaux dénoyautés
2 verres de bordeaux
1 verre de Martini
1 petit verre de crème de cassis
1 bon verre de porto
4 œufs
100 g de sucre
50 cl de crème fraîche double
1 cuillerée à café rase de cannelle
80 g de cacao en poudre

La veille (voire deux jours à l'avance, ils seront plus confits et meilleurs), dans une grande jatte, mettre les pruneaux à macérer avec le bordeaux, le porto, le Martini et la crème de cassis.
Foncer un cercle à tarte assez haut avec la pâte sucrée, garnir le fond de tarte avec les pruneaux égouttés.
Mettre de côté.

Le clin d'œil de Dame Nicole

« Manger est un besoin. Savoir manger est un art » (La Rochefoucauld, 1613-1680). Je dédie cette recette à mon maître Jean Gagnepain, professeur émérite de l'université de Rennes II et à sa femme, fin cordon-bleu. Merci, vos cours ont été pour moi l'apprentissage et la découverte de l'essentiel et m'ont permis de continuer l'accessoire.

Dans un cul-de-poule, travailler au fouet ou au batteur les œufs avec le sucre jusqu'à blanchiment, ajouter à cet appareil la crème fraîche double et la cannelle. Verser ce mélange dans le cercle à tarte garni de pruneaux.
Cuire à four doux (170°-180 °C) pendant 35 à 40 min.
Sortir la tarte du four lorsqu'elle est bien dorée. Lorsqu'elle est encore tiède, la saupoudrer de cacao en poudre.

Brownie à l'ancienne « Elodie »

INGRÉDIENTS POUR 10 PERSONNES
350 g de chocolat noir extra de couverture
200 g de beurre
50 g de sucre cristallisé
6 œufs
107 g de farine
1 cuillerée à café d'extrait de vanille

Faire fondre le beurre au bain-marie ou dans une casserole.
Faire fondre le chocolat au bain-marie, retirer la casserole du feu, puis incorporer le beurre fondu, bien mélanger.
Travailler dans un cul-de-poule, au fouet ou d'un batteur, les œufs, le sucre, l'extrait de vanille jusqu'à blanchiment. Incorporer délicatement la farine à l'aide d'une spatule, ajouter le mélange chocolat/beurre fondu.
Beurrer un moule et le sucrer, y verser le mélange et cuire dans un four préchauffé à 180 °C pendant 20 min.
Déguster tiède ; ce gâteau fond sous la langue.

Une idée gourmande : on peut ajouter 100 à 150 g de cerneaux de noix grossièrement hachés.

Le clin d'œil de Dame Nicole

Parisiens, regardez bien, vous verrez peut-être passer la sirène. Ah ! qu'elle est belle, Elodie, à la barre de sa majestueuse péniche qu'elle manœuvre avec maestria et sans effort, bien sûr. Michel Sardou en est toujours malade d'avoir manqué cette autre « *femme des années 80...* ».

Gâteau à l'orange « Fofie »

INGRÉDIENTS POUR 8 PERSONNES

260 g de beurre
6 œufs
400 g de farine
400 g de sucre
1 sachet de levure chimique
2 oranges et demie en jus
2 oranges et demie en quartiers

Après avoir pelé l'orange, séparer les quartiers comme pour faire une salade de fruits.
Travailler dans un cul-de-poule les œufs, le sucre, à l'aide d'un batteur ou au fouet jusqu'à blanchiment. Incorporer la farine et la levure, bien mélanger.
Faire fondre le beurre à feu doux et l'incorporer au mélange, ajouter le jus et les quartiers d'oranges.
Verser dans un moule bien beurré, mettre au four à 160°-180 °C pendant 40 min.
Surveiller la cuisson. Vérifier à l'aide d'un couteau dont la lame doit ressortir sèche. Le gâteau doit avoir une belle couleur caramel.

Idée gourmande : on peut le servir avec une salade d'oranges ou accompagné d'une sauce au chocolat.

Le clin d'œil de Dame Nicole

À « Fofie », petit diablotin du graphisme, qui trouve rarement du temps à consacrer aux fourneaux, mais qui sait cependant perpétuer avec talent la recette familiale.

Marbré au chocolat

« sœur Françoise-Andrée » de l'école Sainte-Thérèse

INGRÉDIENTS POUR 8 PERSONNES

1,1 kg de chocolat couverture
200 g de beurre
1 cuillerée de crème fraîche
100 g de sucre
6 jaunes d'œufs
6 œufs entiers
1 feuille de menthe

A faire la veille

Faire fondre au bain-marie le chocolat avec le beurre en remuant sans arrêt à l'aide d'une spatule en bois. Lorsque le chocolat est lisse, mettre la préparation de côté.
Dans un cul-de-poule, travailler au fouet ou au batteur les œufs entiers, les jaunes, la crème fraîche et le sucre.
Incorporer le chocolat fondu tiédi afin d'obtenir un mélange bien homogène.
Mouler dans une terrine et faire prendre au réfrigérateur pendant 24 h.
Le lendemain, démouler la terrine (tremper le fond 30 secondes dans l'eau bouillante) et, avec une lame de

Le clin d'œil de Dame Nicole

Je dédie cette recette à mon professeur, sœur Françoise-Andrée de l'école Sainte-Thérèse dont je garde le meilleur souvenir. Elle a prié pour moi lors de mon accident. Merci, ma sœur.
Le plus doux des modes de cuisson doit-il son nom à la douceur de la Vierge Marie ? Beaucoup le croient. Et pourquoi pas ?

couteau très chaude, couper des tranches de fondant au chocolat.
Sur une assiette, déposer une ou deux tranches fines. Décorer au centre avec des feuilles de menthe et un fruit de saison (mûres, framboises, etc.).
Servir avec une crème anglaise ou une crème péruvienne *(voir recette crèmes)*.

L'amandine « des sœurs jumelles Suzy et Rose »

Ingrédients
pour 15 à 20 petits gâteaux

200 g de pâte sucrée
(voir recette pâtes)
200 g de frangipane
(voir recette crèmes)
100 g de crème pâtissière
(voir recette crèmes)
10 cerises confites

Sur la table de travail farinée, abaisser au rouleau la pâte sucrée à 3 mm d'épaisseur.
Disposer des petits moules à tartelettes individuels côte à côte en quinconce.
Déposer dessus la pâte sucrée. Avec un reste de pâte tenu entre le pouce et l'index, tapoter chacun des moules pour les foncer (petite astuce pour ne pas déchirer la pâte), passer deux rouleaux côte à côte sur l'ensemble des moules, afin de les séparer.
Mélanger au fouet la frangipane avec la crème pâtissière.
Avec une cuillère, remplir à ras bord les moules.
Parsemer largement d'amandes effilées.
Cuire à four moyen (180°-190 °C) pendant 15 à 20 min.
Surveiller, dès que les amandes effilées sont bien dorées, sortir les moules du four.
Démouler, laisser refroidir sur une grille, napper au pinceau avec une bonne confiture d'abricot fluide.
Déposer au centre de chaque gâteau un demi-bigarreau confit.

Le clin d'œil de Dame Nicole

Coucou les stars des thermes de Luchon, Suzy et Rose. Je vous dédie cette recette : à propos de tartelettes amandines, on se souviendra de celles, fameuses de chez Ragueneau dont Rostand indique la recette dans *Cyrano*, acte II, scène IV. « Comment on fait les tartelettes amandines… ».

Le « Saint-Fanch » de Crozon
chez Cyril Prime

INGRÉDIENTS
POUR 8 PERSONNES
1 fond de génoise
(voir recette pâtes)
250 g de crème au beurre
(voir recette pâtes)
125 g de crème pâtissière
(voir recette pâtes)
500 g d'amaréna (cerises) au sirop en bocal
75 g de cacao amer en poudre
150 g de poudre d'amandes
50 g d'amandes hachées grillées

Le clin d'œil de Dame Nicole

C'est la recette de l'incontournable Saint-Fanch de Crozon, chez Cyril Prime. Un Breton pur et dur, connu comme le loup blanc pour son élevage d'autruches. Une vraie « gueule ».

Couper la génoise horizontalement en deux, la disposer sur un carton préalablement découpé. A l'aide d'un pinceau, imbiber généreusement avec le sirop d'amaréna les fonds de génoise.
Dans un cul-de-poule, mélanger à l'aide d'un batteur la crème pâtissière et la crème au beurre, ajouter le cacao. Garnir le fond inférieur de la génoise avec cette crème en la répartissant à l'aide d'une spatule métallique sur 1 cm d'épaisseur.
Disposer sur la crème les amaréna côte à côte.
Recouvrir avec l'autre fond de génoise, la faire bien adhérer sans l'écraser. A l'aide d'une spatule métallique, masquer bien régulièrement le dessus et les côtés avec le reste de crème.
Mettre au réfrigérateur pendant une bonne heure.
Pour faire simple et facile : acheter du vermicelle au chocolat et en masquer entièrement le gâteau.
Pour faire chic et meilleur : acheter de la pâte d'amande toute faite. L'abaisser sur la table de travail sucrée au sucre glace en faisant un disque de la taille du gâteau. Recouvrir le gâteau avec ce disque et masquer les côtés avec du vermicelle. Ou meilleur encore, des amandes grillées !

POUR LA DÉCORATION

On la joue simple ! Pas de problème, disposer quelques cerises au centre du gâteau.
On est artiste ! Faire une jolie grappe de raisin avec les cerises et former des feuilles en pâte d'amande. Les gâteaux, c'est comme au théâtre ou comme la vie, ça change toujours ! Dieu merci ! Sinon, on s'ennuierait !

Gâteau au chocolat et au kirsch
« Rozenn Milin »

INGRÉDIENTS POUR 6 À 8 PERSONNES

Pour le gâteau

250 g de biscuits à la cuiller
250 g de chocolat râpé
250 g de beurre fondu
35 g de sucre en poudre
2 œufs
3 bonnes cuillerées de kirsch

Pour le sirop

12,5 cl d'eau
65 g de sucre
5 cl de kirsch

Peut se faire la veille

Faire le sirop en faisant bouillir l'eau avec le sucre, laisser refroidir et ajouter le kirsch.

Confection du gâteau
Blanchir les œufs avec le sucre à l'aide d'un fouet ou d'un batteur.
Ajouter le chocolat et le beurre fondu en dernier.
Beurrer un moule rond ou rectangle à hauts bords.
Verser une mince couche du mélange précédent.

Le clin d'œil de Dame Nicole

Napoléon Ier était un grand amateur de chocolat. On lui a souvent attribué, à tort, un goût immodéré pour le café. Bourrienne écrit dans ses Mémoires : « *Quand il travaillait tard dans la nuit, ce n'était jamais du café qu'il se faisait porter, mais du chocolat, dont il me faisait prendre une tasse avec lui.* » Rozenn Milin (directrice de TV Breizh), un tempérament indomptable, cette Bretonne et Léonarde !

Disposer une couche de biscuits humectés avec le sirop au kirsch et recommencer l'opération. Terminer par les biscuits. Poser un poids sur le gâteau et mettre au réfrigérateur pendant une journée.

Gâteau de pommes de terre au sucre « Edhit, Jean-Charles et Mahé »

INGRÉDIENTS POUR 6 PERSONNES

250 g de pommes de terre cuites
(l'île de Batz, la rosa, la patate douce de Noirmoutier)
250 g de sucre en poudre
4 œufs (séparer les blancs des jaunes)
90 g de beurre
1 grosse cuillerée à soupe de crème fraîche double
100 g d'amandes blanches hachées grossièrement
20 g de pignons de pin
10 g de poudre d'amandes
(facultatif, mais c'est meilleur)

Ecraser les pommes de terre au moulin à légumes ou à la fourchette (la classe ! comme Robuchon).
Ajouter le beurre en pommade, les jaunes d'œufs, les amandes, les pins, la poudre d'amandes (facultatif).
Bien travailler ce mélange très doucement au batteur. Dans un cul-de-poule, monter les blancs en neige avec une pincée de sucre.
Incorporer les blancs en neige dans l'appareil précédent en soulevant et en coupant délicatement à l'aide d'une large spatule.
Beurrer largement un plat en le sucrant et faire cuire à four doux (160°-180 °C) pendant 25 à 35 min jusqu'à ce qu'une lame de couteau ressorte sèche.

Le clin d'œil de Dame Nicole

Écrire ces recettes du temps passé me plonge dans une douce nostalgie. Je pense à *Ti-Koz*, à mon chat Bonheur qui avait le poil si doux, à mon passé. Allez ! j'arrête d'écrire, je prends une récréation pour préparer un thé et fumer un bon cigare. Si j'étais amoureuse, ce serait un Roméo et Juliette ! Mais ce serait de la gourmandise.
A plus tard…
Pour Paddy, Maddy, Mahé, leur adorable petite-fille, « la famille ! quoi ! » dirait Paddy.

Fondant au chocolat « Sophie Jacques »

INGRÉDIENTS
POUR UNE BELLE TERRINE
DE 10 PERSONNES

1,1 kg de chocolat (Valrhona)
200 g de beurre
1 cuillerée de crème fraîche
12 jaunes d'œufs
12 œufs entiers
Quelques feuilles de menthe
10 noisettes et des fruits rouges (framboises, cassis) pour la décoration
500 g de sucre
50 cl d'eau
1 verre à moutarde de kirsch

Ce gâteau se prépare la veille.

Le clin d'œil de Dame Nicole

Le cacaoyer est un arbre qui ne pousse que sous les tropiques. Il mûrit ses « cabosses », ce sont de gros fruits orange ou rouges que l'on casse pour en extraire les graines. Les fèves était une monnaie d'échange que l'on appelait « amande monétaire ». 10000 et une fois merci à ma kinésithérapeute qui ne ménage ni son temps, ni sa peine à ma faire revivre. Une jeune femme dynamique et toujours à l'écoute.

Faire fondre au bain-marie le chocolat avec le beurre.
Travailler les jaunes et les œufs entiers avec la crème fraîche au batteur pendant 2 ou 3 min, les incorporer au chocolat fondu, bien travailler le tout.
Verser la préparation dans une terrine et laisser prendre au réfrigérateur pendant 24 h.

Le jour de la dégustation
Démouler la terrine (tremper le fond 30 secondes dans de l'eau bouillante).
Avec une lame de couteau très chaude, découper de fines tranches de fondant au chocolat. Dresser sur une assiette. Décorer le centre de la tranche avec une feuille de menthe, les fruits rouges et une noisette.
Napper d'un coulis de griottes.

Coulis de griottes
Mettre à macérer les griottes surgelées dans le kirsch (alcool de cerise) pendant 12 h.
Préparer un sirop de sucre avec 500 g de sucre et 50 cl d'eau, laisser bouillir.
Immerger les griottes et les faire confire pendant 1 h à feu doux.
En mixer une partie pour donner une consistance au coulis et ajouter les autres entières.

Petits bonheurs au chocolat

« Mesdemoiselles Vanessa, Ingrid, Juliette »

Ingrédients pour 6 personnes

2 œufs
90 g de sucre
160 g de farine
170 g de beurre
1 paquet de levure chimique
1 tasse de crème fraîche épaisse

Pour le glaçage

250 g de chocolat de couverture
75 g de sucre glace

Travailler dans un cul-de-poule, au fouet ou au batteur, les œufs et le sucre jusqu'à blanchiment.
Ajouter la crème fraîche et le beurre fondu.
Incorporer la farine et le paquet de levure, bien lisser le tout.
Verser dans un moule rectangulaire beurré et fariné de 20 x 30 cm.
Mettre au four à 200 °C pendant 20 à 25 min.
Dès la sortie du four, démouler sur une grille. Laisser refroidir.
Faire fondre le chocolat en morceaux au bain-marie, remuer à l'aide d'une spatule, lorsqu'il est lisse, y ajouter le sucre glace. Mettre de côté pour le garder tiède.

Le clin d'œil de Dame Nicole

Je dédie cette recette « aux trois Grâces ». « *Il faut soigner le corps pour que l'âme s'y plaise* » (saint François de Sales).

Couper horizontalement le gâteau en deux parties égales.
Napper l'une des parties d'une couche de chocolat assez épaisse à l'aide d'une spatule métallique.
Poser dessus exactement l'autre partie, appuyer légèrement pour la coller.
Napper la partie supérieure du gâteau avec le reste de chocolat, toujours avec une spatule métallique, bien le lisser. Laisser bien refroidir.
Quand le chocolat est bien refroidi, poser sur le dessus du gâteau un pochoir (par exemple, un nom découpé dans un carton) et saupoudrer de sucre glace. Et bon anniversaire !
A l'aide d'un couteau trempé dans un récipient d'eau chaude, on peut aussi découper des petits cubes de 2 x 2 cm et les déposer individuellement dans des caissettes en papier. Petits fours sublimes.

Mousse au chocolat glacé

« La Régalido »
Fontvieille en Provence

Recette de ma mère (Nice, 1947)

INGRÉDIENTS POUR 8 PERSONNES
400 g de chocolat noir
5 œufs
5 blancs d'œufs
120 g de sucre
1/2 jus de citron

Faire fondre au bain-marie le chocolat dans un cul-de-poule.
Séparer les jaunes des blancs (clarifier).
Incorporer les jaunes d'œufs au chocolat fondu en mélangeant bien le tout au fouet.
Monter les blancs d'œufs en neige bien ferme au batteur en ajoutant au départ un peu de jus de citron et 20 g de sucre. Lorsque les blancs sont à moitié montés, ajouter 40 g de sucre, puis 60 g à la fin.
Prendre un peu de blancs montés et les incorporer au mélange chocolat fondu/jaunes afin de détendre (ramollir) l'appareil.
Verser ensuite tout le chocolat détendu dans le récipient dans lequel vous avez monté les blancs et mélanger le tout

Le clin d'œil de Dame Nicole

Jean-Pierre Michel, restaurateur étoilé à Fontvieille, est un des grands professionnels qui n'hésite pas à me livrer les secrets de ses recettes de famille. Celle-ci vous plaira, elle est facile à réaliser, à condition toutefois que vous ayez pris soin de conserver pieusement le Frigidaire de votre grand-mère. « *En art, j'aime la simplicité ; de même en cuisine* » (Erik Satie).

délicatement avec une large spatule en soulevant et en coupant délicatement afin de laisser le mélange aéré.
Prendre les bacs à glaçons du réfrigérateur (uniquement pour les personnes ayant un vieil appareil de marque Frigidaire, enlever le système qui permet de faire les cubes de glaçons). Sinon, prendre un récipient en métal de préférence, pas trop haut.
Remplir les bacs avec la préparation sur une épaisseur de 3 ou 4 cm et mettre le tout dans le compartiment à glaçons ou au freezer.
Sortir au moment de servir, couper des tranches et déguster de suite.

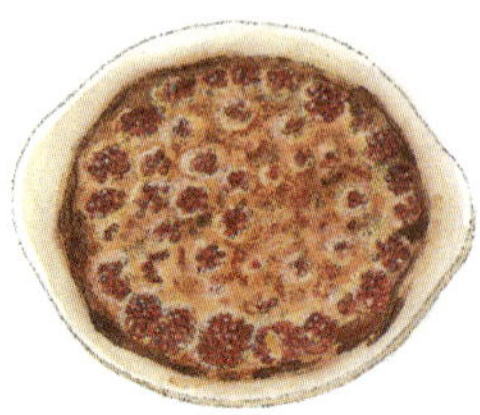

d o u c

Les petites

e u r s

Recettes de crèmes et entremets

Plusieurs mets, poires, crèmes, entremets, consommés portent le nom du prédicateur français Louis Bourdaloue. En effet, un pâtissier de la Belle Epoque était installé rue Bourdaloue, à Paris. Pour la petite histoire, cet honorable homme d'Eglise (fort gourmand, et surtout bavard) a également laissé son nom, involontairement, à un petit urinoir pour dames, dont la forme ressemble à une saucière ; les élégantes pouvaient le dissimuler dans leur manchon, l'emmener avec elles, même à l'église, et ainsi satisfaire un besoin pressant, sans perdre une minute d'un sermon interminable.

Crème pistache « Julie et Jérôme »

INGRÉDIENTS POUR GARNIR 2 TARTES

150 g de poudre d'amandes
150 g de sucre en poudre
150 g de beurre
(à température ambiante)
1 œuf
1 cuillerée à soupe de rhum
(ou marsala, ou orange impériale)
1 grosse cuillerée à soupe
de pâte de pistache
2 gouttes de colorant vert
(facultatif)

Dans un cul-de-poule, travailler au batteur le beurre avec le sucre.
Incorporer l'œuf, le rhum, la poudre d'amandes, bien mélanger.
Ramollir la pâte à pistache avec un peu de l'appareil précédent afin de la ramollir, l'ajouter au mélange et travailler au batteur pour obtenir une préparation bien homogène.
Pâte délicieuse, simple à faire avec laquelle vous pouvez garnir des fonds de tarte en pâte sucrée celle de « Sandrine » si bonne ; par exemple, en rajoutant quelques fruits (pêches, abricots, poires, etc.) dessus voilà une autre tarte.

Idée gourmande de Sandrine

Ah ! la tarte Julie ! comme elle est irrésistible, comme sa mère. Bisous Jérôme. C'est une crème qui peut garnir un fond de tarte de pâte sucrée (voir « *pâte sucrée de Sandrine* »). Mettre des fruits sur la pâte (abricots, pêches, poires), et vous voilà avec une autre recette de tarte, c'est la tarte Julie ! Facile ! La pistache est la semence du pistachier, arbre originaire du Levant, importé, croit-on, à Rome par Vitellius.

Cassolettes de chocolat « Danièle »

INGRÉDIENTS POUR 8 PETITS POTS

250 g de chocolat amer de bonne qualité
250 g de beurre
1 cuillerée à soupe de sucre en poudre
2 jaunes d'œufs
25 cl de lait

Se fait la veille

Le clin d'œil de Dame Nicole

Retrouver les saveurs d'autrefois, en inventer d'autres, cette histoire est celle de la vie. Coucou à Danièle de Mod'Hair, l'artiste à la mèche rouge, rebelle, indomptable, mais surtout généreuse, qui coiffe les Rennaises avec talent !

La veille, sortir le beurre du réfrigérateur.
Faire fondre dans une casserole, au bain-marie, le chocolat cassé en morceaux avec deux cuillerées à soupe d'eau tiède en le remuant sans cesse avec une spatule en bois.
Dans un cul-de-poule, travailler au fouet ou au batteur les jaunes d'œufs et le sucre jusqu'à blanchiment.
Incorporer le beurre fondu presque froid afin d'obtenir un mélange bien homogène. Verser cet appareil dans le chocolat chaud, remuer très énergiquement au fouet ou au batteur.
Ajouter 25 cl de lait chaud, en le versant petit à petit dans cet appareil en le fouettant.
Mettre en petits pots ou en cassolettes, laisser refroidir et mettre au réfrigérateur pendant 12 à 24 h. Servir très frais.

Sabaglione glacé
« Véro Lorin »

INGRÉDIENTS POUR 6 PERSONNES

6 œufs
150 g de sucre en poudre
6 cuillerées à soupe de marsala
25 cl de vin blanc
4 feuilles de gélatine
1 gros paquet de biscuits à la cuiller
1 verre de rhum

Mettre la gélatine dans l'eau froide pour la faire ramollir.
Séparer les blancs des jaunes. Garder les blancs de côté.
Garnir le fond d'un moule à charlotte de biscuits à la cuiller en les imbibant de rhum.
Dans un cul-de-poule, mettre les jaunes d'œufs et le sucre ; les battre à l'aide d'un fouet ou d'un batteur jusqu'à blanchiment.
Ajouter le marsala, le vin blanc peu à peu tout en mélangeant l'appareil. Verser le tout dans une casserole, faire cuire à feu doux en mélangeant sans arrêt avec une spatule en bois jusqu'à ce que le mélange épaississe et nappe la spatule.
Mettre de côté. Laisser tiédir l'appareil dans la casserole.
Egoutter la gélatine et l'incorporer à l'appareil tiède à l'aide d'un fouet.

Dans un cul-de-poule, monter les blancs en neige très ferme avec une pincée de sel ou de sucre.
Verser l'appareil contenu dans la casserole sur les blancs en neige en soulevant et en coupant délicatement à l'aide d'une large spatule.
Verser ce mélange dans le moule garni de biscuits.
Laisser prendre au réfrigérateur pendant 12 h.
Passer le moule quelques secondes dans l'eau bouillante, poser le plat sur le moule et retourner d'un coup sec, il se démoulera facilement.
Servir avec une crème anglaise.

Le clin d'œil de Dame Nicole

« La gourmandise jointe à l'esprit contribue à rendre les hommes aimables »
(Alexandre Grimod de la Reynière).
Clin d'œil à Véro
qui n'en finira pas de nous étonner !
La coquine !

Tulipes hollandaises de la comtesse de Castelnau

INGRÉDIENTS POUR 4 PERSONNES

3 œufs
5 cl d'essence de café
250 g de chocolat
(noir ou au lait)
30 g de cassis
30 g de framboises
4 petits fonds de tartes

Séparer les blancs des jaunes.
Faire fondre au bain-marie le chocolat cassé en petits morceaux en le remuant à l'aide d'une spatule. Dès qu'il est lisse, y verser l'essence de café chaude. Battre les jaunes d'œufs et les incorporer au chocolat.
Monter les blancs en neige bien ferme, les mélanger délicatement en soulevant et en coupant à l'aide d'une spatule.
Verser le mélange dans de petites tasses à thé.
Les présenter sur un plateau, les entourer de glace pilée, servir avec des petits gâteaux.
Décorer avec des fonds rouges ou des petits fonds de tartes.

Le clin d'œil de Dame Nicole

Présenter ce dessert dans de petites tasses de formes différentes dénichées chez des antiquaires.
A l'heure du thé, laissez-vous vivre, lisez, ou bavardez.
Mieux encore, personnellement, je m'offre un bon havane, un Roméo et Juliette ou un Cohiba, mes préférés, et je rêve au milieu des volutes bleutées…

Soufflé au chocolat « Maxence, Sixtine, Thaïs, Côme »

INGRÉDIENTS POUR 6 PERSONNES

5 œufs (blancs et jaunes séparés)
50 cl de lait
100 g de farine
1 gousse de vanille
100 g de beurre
125 g de chocolat
100 g de sucre semoule

Pour la sauce au chocolat

60 g de sucre semoule
3 cuillerées à soupe d'eau
150 g de chocolat noir de couverture
1 cuillerée à soupe d'essence (ou extrait) de café
10 cl de crème fraîche double

Pour que le soufflé monte, beurrer largement les parois du moule avec un pinceau à pâtisserie et le mettre au réfrigérateur pour durcir le beurre.
Sortir alors le moule du réfrigérateur et remettre une seconde couche de beurre mou, puis saupoudrer d'un ingrédient en poudre (par exemple, poudre de noisettes, poudre d'amandes, chocolat noir râpé ou sucre selon la recette) et le faire tourner sur lui-même de façon que les parois et le fond soient bien recouverts.
Une autre variante consiste à entourer chaque ramequin ou moule d'une feuille de papier sulfurisé ou d'aluminium dépassant largement la hauteur du moule, et à la tenir avec un élastique ou une ficelle.
Faire bouillir le lait avec la gousse de vanille fendue, ajouter le chocolat en morceaux en remuant fréquemment à l'aide d'une spatule afin de le faire fondre.
Dans une autre casserole, faire fondre le beurre, ajouter la farine à l'aide d'une spatule en bois et faire cuire quelques minutes.

Le clin d'œil de Dame Nicole

Le château et les jardins à la française de la Bourbansais furent construit à la fin du XVIe siècle sur des vestiges gallo-romains. Trois générations de conseillers au parlement de Bretagne se plurent à embellir et à orner la demeure. Aujourd'hui, Olivier et Clotilde de Lorgeril présentent au château leur superbe zoo, une des plus belles meutes de chiens et un spectacle de fauconnerie en vol libre à Pleugueneuc, en Bretagne.

Ajouter le mélange lait/chocolat petit à petit en remuant sans arrêt jusqu'à obtention d'un mélange lisse sans grumeaux.
Ajouter ensuite le sucre et laisser refroidir légèrement.
Incorporer au fouet les jaunes d'œufs un par un (important).
Monter les blancs en neige très ferme et les incorporer délicatement dans l'appareil précédent en soulevant et en coupant à l'aide d'une spatule.
Verser la préparation dans un moule ou dans les ramequins, à la hauteur du moule.
Faire cuire au four à 190°-200 °C pendant 45 min pour un grand moule, 15 à 20 min pour les ramequins.
Sortir du four (enlever éventuellement le papier qui tapissait le moule) et servir immédiatement.

Pour préparer la crème
Mélanger le sucre et l'eau dans une casserole, laisser cuire à feu doux pour dissoudre le sucre. Ajouter le chocolat en morceaux jusqu'à dissolution, puis l'extrait de café et la crème fraîche. Réserver au chaud dans un bain-marie jusqu'au moment de servir.

Coulis de framboise « Monique »

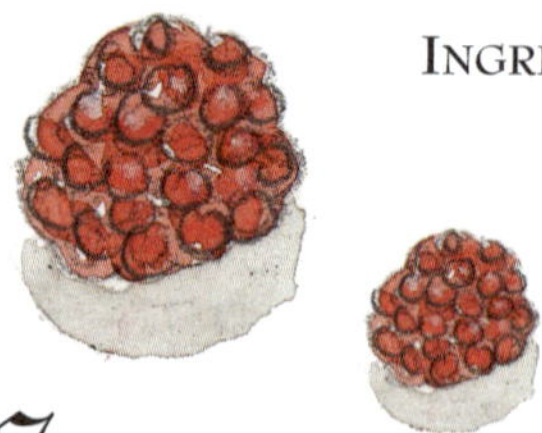

INGRÉDIENTS POUR 4 PERSONNES

500 g de framboises
25 cl d'eau
250 g de sucre

Mixer les framboises cueillies dans le jardin de Monique.
Tamiser si vous n'aimez pas les graines.
Faire bouillir l'eau avec le sucre, vous obtiendrez un sirop.
Incorporer la purée de framboises dans ce sirop, faire bouillir pendant 4 ou 5 min, mettre à refroidir.
C'est une base de sauce qui vous permettra d'accompagner de nombreux desserts ou glaces.
Une idée gourmande : remplacer les framboises par des mûres pendant la saison.

Le clin d'œil de Dame Nicole

Une crème qui doit surtout émouvoir et faire plaisir. Quand on a mis un peu de savoir et beaucoup de tendresse, on a réussi !
À Monique, une femme qui aime la presse et le vrai. « *Pour savourer comme il convient un bon dîner, il faut n'avoir ni projets méchants, ni remords. Voilà pourquoi le vrai gourmand ne peut être qu'un honnête homme* » (Léon Abric).

Crème au chocolat
Jean-Paul Van-Lith

INGRÉDIENTS
1 l de lait
1,2 kg de chocolat de couverture mi-amer
120 g de beurre
550 g de crème fleurette
300 g de sucre semoule fin

Dans une casserole, faire bouillir le lait, ajouter le chocolat de couverture, le sucre, le beurre.
Dans une autre casserole, faire bouillir la crème fleurette.
Mélanger cette crème à l'appareil précédent (lait/chocolat/beurre/sucre).
Faire à nouveau juste bouillir ce mélange.
L'astuce de Dame Nicole : c'est une sauce qui ne se fige pas sur une glace, elle a l'avantage de se conserver au réfrigérateur pendant une semaine et de se réchauffer à la demande au bain-marie, le luxe ! Voilà, c'est tout simple, tellement bon et pratique.

Le clin d'œil de Dame Nicole

J'aime les gourmands car ils ont les yeux brillants ! Au grand artiste reconnu pour son talent et sa générosité, et à son livre encyclopédique sur la céramique, une merveille !

Sabayon
« Elise, Marguerite, Andrée Le Coz du Ti Coz »

INGRÉDIENTS
POUR 10 PERSONNES

7 jaunes d'œufs
100 g de sucre
Eau
500 g de crème fleurette

Mettre la crème fleurette au réfrigérateur pour faire la chantilly.
Fouetter les jaunes d'œufs au batteur jusqu'à obtention d'une consistance mousseuse.

Faire un sirop
Dans une casserole, mettre le sucre et l'eau jusqu'à effleurement du sucre ; faire cuire à feu moyen (120 °C maximum) jusqu'à l'apparition de grosses bulles blanches (le gros boulé).
Verser immédiatement le sucre cuit petit à petit sur les jaunes blanchis tout en fouettant énergiquement au batteur et continuer jusqu'à complet refroidissement.

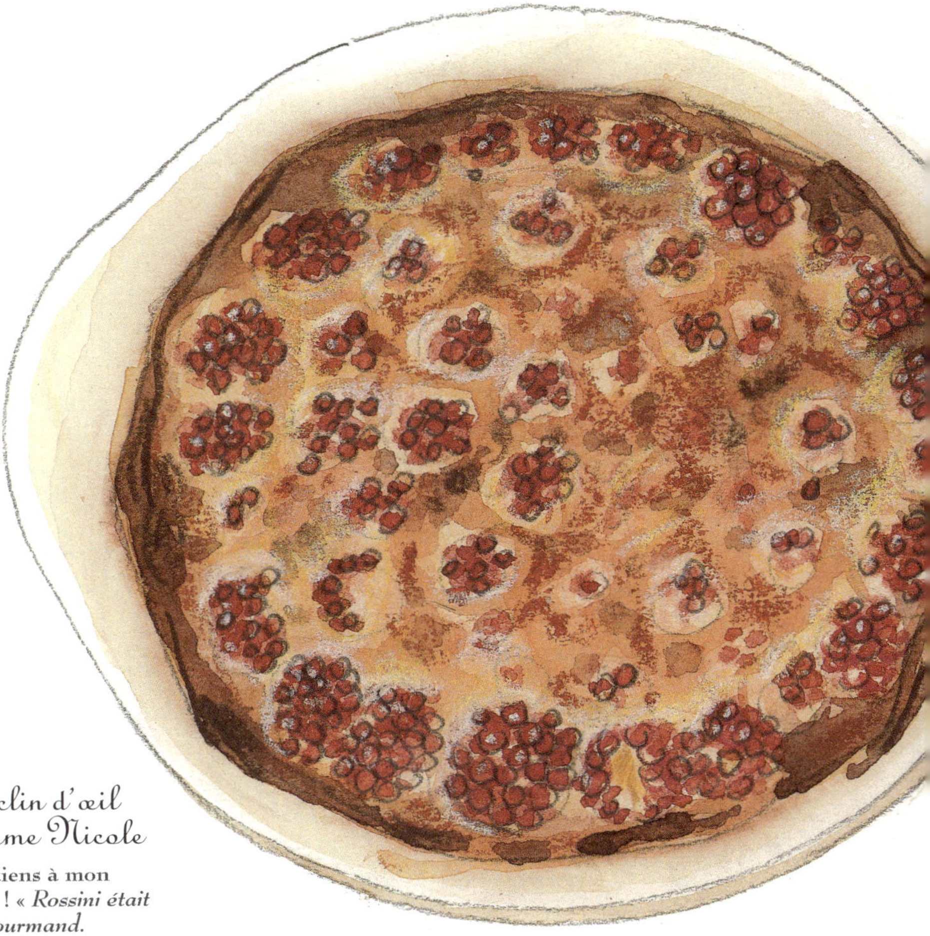

Le clin d'œil de Dame Nicole

J'y tiens à mon sabayon ! « *Rossini était gourmand. Sa philosophie : manger et aimer, chanter et digérer, tels sont à vrai dire les quatre actes de cet opéra-bouffe qu'on appelle la vie et qui s'évanouit comme la mousse d'une bouteille de champagne. Qui la laisse échapper sans en avoir joui est un maître fou !* » Je dédie cette recette à Hélène Delavault, une « cantatrice » de grand talent qui, elle, a su garder ses cheveux…

Réserver pendant 2 h au réfrigérateur.
Au batteur, monter sans sucre la crème fleurette en chantilly. L'ajouter au mélange sucre/jaunes d'œufs refroidis en l'incorporant délicatement, en soulevant et en coupant à l'aide d'une spatule.
Mettre les fruits de saison dans un ramequin et recouvrir de ce sabayon.
Faire gratiner sous le gril quelques instants.

Crème à tartiner au citron et à l'orange

Ingrédients pour un pot de 600 à 700 g

125 g d'écorces d'oranges confites
240 g de beurre (à température ambiante)
190 g de sucre
2 paquets de sucre vanillé
6 jaunes d'œufs
1 cuillerée à café rase de gingembre frais
Le zeste et le jus de 6 gros citrons

Dans un saladier qui résiste au feu, mélanger le zeste râpé et le jus de citron avec les écorces d'oranges confites hachées en petits morceaux, le beurre, le sucre semoule, le sucre vanillé et le gingembre râpé.
Poser ce saladier au-dessus d'une casserole d'eau bouillante, sans que le fond touche l'eau.
Faire cuire à feu doux en remuant à l'aide d'un fouet sans arrêt jusqu'à ce que les sucres et le beurre soient fondus.

Incorporer les jaunes d'œufs deux par deux, travailler jusqu'a ce que le mélange épaississe, toujours sur la casserole d'eau frémissante **(important).**
Compter 35 à 45 min de cuisson, remuer souvent.
Avant la fin de la cuisson, remuer vigoureusement pour que la crème cuise régulièrement afin de ne pas faire de grumeaux.
La verser dans un bocal. Fermer hermétiquement. Mettre dans un endroit frais ou au réfrigérateur.

Le clin d'œil de Dame Nicole

C'est la recette de la grand-mère de Bernard. Coucou à la sympathique équipe de l'hôtel Bernard à Fontvieille en Provence. « ***Je marche à l'heure de mon ventre et non à celle du soleil*** **» (Winston Churchill).**

Crème « pour la reine Victoria »

Ingrédients pour 6 personnes

30 cl de crème double
3 cuillerées de lait
100 g de noisettes
150 g de chocolat au lait
3 œufs (séparer les blancs des jaunes)
110 g de sucre
30 cl de crème fraîche double

Trois à quatre heures à l'avance, laisser refroidir dans le réfrigérateur la crème fraîche avec trois cuillerées de lait.
Passer au petit mixeur-hachoir (un petit hachoir à persil fera l'affaire) les noisettes pour obtenir une poudre bien fine.
Râper le chocolat au lait à l'aide d'un couteau économe.
Dans un cul-de-poule, travailler au batteur les jaunes d'œufs avec le sucre, incorporer à ce mélange le chocolat râpé et la poudre de noisettes. Mettre de côté.
Sortir du réfrigérateur la crème fraîche additionnée de lait.
La monter en chantilly à l'aide d'un batteur. L'incorporer délicatement en soulevant et en coupant au mélange sucre/jaunes d'œufs.

Monter les blancs d'œufs en neige très ferme, les incorporer aussitôt délicatement à l'appareil précédent.
Verser cette préparation dans de jolies coupelles à champagne. Mettre au réfrigérateur pendant 1 h.
Juste avant de servir, les saupoudrer d'un peu de poudre de cacao.

Le clin d'œil de Dame Nicole

« *Le sommeil, aliment suprême du festin de la vie* », disait Shakespeare. Ah ! s'il avait connu la crème de la reine Victoria ! J'aime l'Angleterre pour y avoir vécu. J'avais une grande admiration pour la reine Victoria que j'apercevais (en statue) tous les matins de ma fenêtre. Révérence obligée… Merci au prince Charles, une Balance comme moi, qui a eu le courage de se battre bec et ongles pour sauver notre camembert.

Liqueur d'orange « Gérard »

INGRÉDIENTS POUR 1 L DE LIQUEUR

Ecorces de 6 grosses oranges
50 cl d'alcool à 90°
50 cl de lait frais
250 g de sucre semoule

Mettre tous les ingrédients dans un bocal fermé.
Exposer le bocal au soleil et laisser macérer le mélange pendant quinze jours en remuant chaque jour.

Au bout de ce temps, passer d'abord au tamis ou au chinois (tamis conique), récupérer le jus et à nouveau filtrer ce jus dans un filtre à café, ou, mieux, dans un filtre à vin (c'est long à passer).

Ne pas s'affoler au départ, le mélange semble bizarre, mais vous en sortirez une liqueur dorée, le summum des liqueurs d'orange, à la couleur d'un diamant Jonquille de chez « Van Cleef », de quoi rêver Mesdames, Messieurs, voilà une bonne suggestion…

Le clin d'œil de Dame Nicole

« *Cinq motifs pour boire : l'arrivée d'un hôte, la soif présente, la soif future, la bonté du vin, toute autre chose* » (Wikram, *L'Ami à boire*, 1537). Quel imbécile a décrété qu'il fallait avoir soif pour boire ? A Gérard, un excellent cuisinier et journaliste qui sait recevoir ses amis.

Vin chaud
de sainte Lucie

INGRÉDIENTS POUR 5 OU 6 PERSONNES

1 l de vin rouge
1 à 4 cl d'alcool (vodka, schnaps ou autres)
1 racine entière de gingembre
2 morceaux de bâton de cannelle
1/2 cuillerée à café de graines de cardamome
4 clous de girofle
30 morceaux de sucre
Amandes et raisins secs

Faire bouillir tous ces ingrédients quelques minutes dans une casserole.
Laisser reposer pendant 1 h.
Filtrer dans un tamis ou une mousseline.
Chauffer à nouveau et verser dans de petits verres dont le fond est garni d'amandes et de raisins secs.

Le clin d'œil de Dame Nicole

Une recette à boire le 13 décembre, le jour de la Sainte-Lucie (qui vient du mot latin *lux* qui signifie lumière). En Scandinavie, le retour de la lumière, à la veille du solstice d'hiver, est fêté joyeusement. Les jeunes filles, blondes à ravir, se parent de couronnes surmontées de bougies allumées en signe de joie.

Liqueur de fraisette « Marco », 1905

INGRÉDIENTS POUR 2,5 L DE FRAISETTE

500 g de fraises de Plougastel
2 l d'eau-de-vie à fruit (alcool à 90°)
500 g de sucre
50 cl de sirop de canne

Equeuter les fraises, les essuyer soigneusement après les avoir lavées, sinon se contenter de les essuyer avec un torchon.
Mettre les fraises dans un grand bocal, verser l'eau-de-vie (alcool) et le sucre dessus.
Couvrir le bocal d'un bouchon de liège.
Placer pendant un ou deux mois dans un endroit chaud, si possible au soleil.
Après ce temps, passer le tout au tamis, récupérer le jus, ajouter le sirop de canne.
Mettre en bouteilles.
La fraisette se boit nature comme liqueur ; additionnée d'eau, elle constitue alors une boisson très rafraîchissante.

Le clin d'œil de Dame Nicole

« *Boire sans soif et faire l'amour en tout temps, voilà ce qui distingue l'homme de la bête* » (Beaumarchais).
Coucou à Marco, un homme qui a une oreille qui regarde et un œil qui écoute et d'une telle gentillesse !

Tasse de chocolat

XIXe siècle « Roseline »

Ingrédients pour 1 tasse
40 g de chocolat en morceaux
25 cl de lait

Prendre deux casseroles.
Dans la première, mettre à chauffer le chocolat et le lait sans mélanger.
Quand le lait bout, le verser dans la seconde casserole, et garder le chocolat au fond de la première.
L'écraser avec soin à la fourchette, le transformer en pâte de plus en plus liquide en y ajoutant progressivement une puis plusieurs cuillerées de lait chaud. Ajouter ensuite tout le lait et faire bouillir à grand feu en remuant sans arrêt pendant 5 à 6 min.
C'est le vrai chocolat que la baronne faisait à l'époque.
Faut-il le sucrer ? C'est facultatif. Les vrais amateurs aimeront ce chocolat amer.

Le clin d'œil de Dame Nicole

C'est sans doute à la reine Marie-Thérèse que nous devons l'apparition des premières chocolatières. En 1685, on vit les premiers spécimens en métal précieux, offerts à Louis XIV par les ambassadeurs du Siam débarqués à Brest. Le bâtonnet qui servait à faire mousser le chocolat s'appelait le « moussoir » ou « moulinet ». En juillet 1689, le *Mercure* de l'époque cite : « *Dans une loterie organisée à Saint-Cloud par le duc d'Orléans, nous voyons madame de Maré gagner une chocolatière d'argent et sept bâtons de chocolat.* »

Liqueur de noix des religieuses

INGRÉDIENTS POUR 75 CL DE LIQUEUR

15 noix fraîches (encore vertes)
75 cl d'eau-de-vie à fruit
1/2 gousse de vanille
250 g de sucre

Mettre dans un bocal les noix cueillies avant maturité vers la fin juillet et coupées en fins morceaux (la noix encore verte se coupe facilement).

Ajouter l'eau-de-vie, la gousse de vanille fendue et le sucre.

Laisser macérer ce mélange pendant quinze jours en le remuant de temps en temps. Passer le tout au tamis très fin ou dans une mousseline et mettre en bouteilles.

Le clin d'œil de Dame Nicole

Vous voulez que s'établisse une conversation aimable entre vos hôtes ? Ne négligez pas l'apéritif, ou la liqueur, car « *ventre assoiffé n'a point d'oreilles* », pour paraphraser Jean de La Fontaine. A déguster après la messe !

Vin de noix
des « dames de Saint-Maure, 1923 » « Raymond »

INGRÉDIENTS POUR 2 L DE VIN

8 noix vertes et tendres
325 g de sucre en poudre
30 cl d'eau-de-vie
2 l de vin rouge
1/2 bâton de cannelle
1 cuillerée à café de muscade râpée
1 clou de girofle

Dans une grosse bonbonne en verre, déposer les noix lavées et coupées en menus morceaux.
Ajouter le sucre, l'eau-de-vie, le vin rouge, la cannelle, la muscade, le clou de girofle.
Mélanger le tout, boucher la bonbonne et laisser macérer en remuant tous les jours pendant deux ou trois mois.
Filtrer à l'aide d'une mousseline ou d'un filtre à café et mettre en bouteille.

Bon à savoir : ces noix doivent être assez tendres pour être percées à l'aide d'une aiguille, elles sont à cueillir au mois de juillet.

Le clin d'œil de Dame Nicole

C'est la recette des tantes de l'incontournable Raymond.
« Buvons ! Lavons-nous le cou par le dedans ! »
(Béroalde de Verville, 1612).

Truffes

LE CACAO EN FRANCE

Il entra en France en même temps qu'Anne d'Autriche, fille de Philippe III d'Espagne, à la suite de son mariage, en 1615, avec Louis XIII. La nouvelle reine de France fit rapidement partager son goût pour le chocolat à toute sa cour. Alphonse de Richelieu, frère du cardinal, et archevêque de Lyon, considérait le chocolat comme « le moyen de modérer les langueurs de sa rate et de lutter contre la colère et la mauvaise humeur ». *Il disait tenir ce secret de religieux espagnols.*

Truffes au chocolat à l'ancienne « Constant Demais »

INGRÉDIENTS POUR 1 KG DE TRUFFES

875 g de chocolat de couverture extra
50 cl de crème fraîche double
2 gousses de vanille

Pour la finition

150 g de chocolat de couverture
200 g de cacao en poudre non sucré

Mettre à fondre au bain-marie le chocolat cassé en petits morceaux en remuant très fréquemment à l'aide d'une spatule en bois jusqu'à dissolution complète. Faire bouillir à feu doux la crème avec les gousses de

Le clin d'œil de Dame Nicole

Elles sont extra mes truffes !... Essayez, c'est facile.
De l'importance d'être Constant (« *The importance of being Earnest* », dirait Oscar Wilde). Ou en latin « *semper idem* ».
La dépense en chocolat était devenue si considérable à la cour de Versailles que, le 23 novembre 1693, Louis XIV, enfin soucieux de faire des économies, supprima la distribution qui se faisait chaque soir en public à la cour. En 1704, nous dit Fagon, Guy Grescerit, son premier médecin, proposa à Sa Majesté, par une ordonnance du vendredi matin 6 août, de l'essayer à la place de la teinture de véronique et de sauge, son médicament habituel.
Le Roi-Soleil refusa.
Bel exemple de volonté.

vanille fendues en deux en la remuant à l'aide d'un fouet (attention, la crème brûle facilement).
Verser cette crème petit à petit en la remuant à l'aide d'un fouet dans le chocolat fondu, bien mélanger cette préparation.
Réserver et laisser refroidir jusqu'à obtention d'une consistance assez compacte pour pouvoir remplir une poche sans que le chocolat coule.
Sur une feuille de papier sulfurisé, dresser, à l'aide d'une poche munie d'une douille lisse de 6 mm, des petites boules de la taille d'une grosse noisette.
Mettre à refroidir au réfrigérateur pendant 20 à 30 min.

Pour la finition
Faire fondre au bain-marie le chocolat.
Mettre le cacao dans un plat.
Sortir les boules. Les rouler une par une, ou deux par deux, entre les paumes de la main enduites de chocolat fondu. Les rouler immédiatement dans la poudre de cacao.
Déposer dans un plat après refroidissement.
Sortir les boules du réfrigérateur. Mettre dans le creux de la main un peu de chocolat que l'on vient de faire et les rouler entre les paumes de la main ; cela les enrobera de cette deuxième couverture.

Carré de chocolat au romarin « Joël Durand »

de Saint-Rémy-de-Provence

INGRÉDIENTS
POUR 50 CHOCOLATS ENVIRON

280 g de chocolat noir de couverture
20 g de beurre de cacao
15 cl de crème fleurette
65 g de beurre demi-sel
(à température ambiante)
10 g de romarin frais de Provence

A faire la veille

Beurrer au pinceau une plaque à pâtisserie ou un moule rectangulaire.
Râper 200 g de chocolat noir de couverture.
A l'aide d'un fouet, mélanger dans un cul-de-poule le chocolat râpé avec le beurre coupé en petits cubes.
Faire bouillir la crème avec le romarin. Laisser infuser 20 min.
Réchauffer à nouveau sans bouillir puis verser en filtrant sur l'appareil chocolat et beurre.
Mélanger le tout à l'aide d'un fouet et laisser un peu

Le clin d'œil de Dame Nicole

« Quiconque mange des chocolats chaque jour de chaque saison devient aussi vieux que les solives de la plus solide maison » (Curnonsky). Joël Durand, un Breton passionné (comme tous les Bretons) par son métier qu'il exerce avec talent et rigueur. Une escale gourmande incontournable à Saint-Rémy-de-Provence.

refroidir. Sans trop attendre, étaler cette préparation sur la plaque ou un moule carré sur une épaisseur de 1 cm environ.
Laisser prendre pendant 12 h ou plus au réfrigérateur.
Le lendemain, découper des petits carrés de 3 cm de côté afin de réaliser les bonbons de chocolat.
Pour préparer l'enrobage, chauffer au bain-marie les 80 g de chocolat de couverture restant et le beurre de cacao. A l'aide d'une fourchette, plonger un à un les petits carrés afin de les enrober.
Laisser reposer sur une grille.

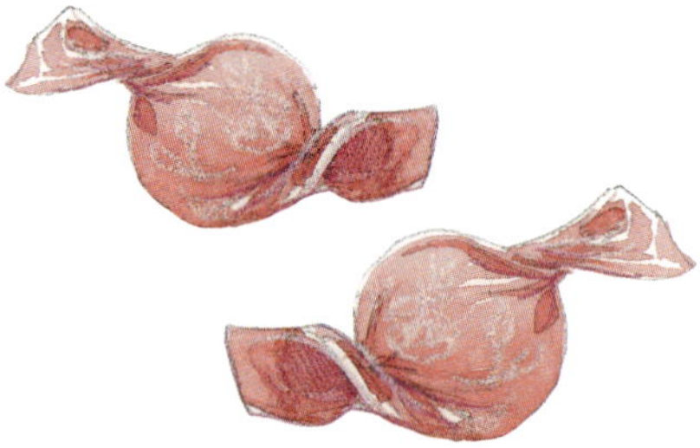

Cagoulas des « petits gourmands Valentine, Thomas et tous les petits-enfants de la comtesse »

Faire fondre au bain-marie le chocolat.
Mettre dans une casserole le sucre, le chocolat fondu, le miel, le beurre ramolli et la crème double.
A l'aide d'une spatule en bois, bien mélanger le tout.
Faire cuire pendant 10 min à feu doux en remuant sans arrêt avec la spatule.
Beurrer un moule rectangulaire ou carré de 2 cm de hauteur et y verser cet appareil.
Laisser refroidir et mettre au réfrigérateur pendant 1 ou 2 h.
A l'aide d'un couteau pointu, découper des cubes.
Conserver à l'abri de l'humidité (ou déguster immédiatement !).

Ingrédients pour 30 à 40 caramels

100 g de sucre
100 g de chocolat
100 g de miel
100 g de beurre
100 g de crème fraîche double

Le clin d'œil de Dame Nicole

Les bonbons, c'est tellement bon… comme disait Brel. Les yeux de Valentine ressemblent à des jolis bonbons gourmands.

Niniches à l'ancienne de « Gwen et Alice »

INGRÉDIENTS POUR 20 BONBONS

60 g de sucre en poudre
60 g de chocolat
60 g de miel
60 g de beurre

Mettre le sucre, le chocolat râpé, le miel, et le beurre dans une casserole.
Faire cuire 15 min environ à feu doux en mélangeant bien avec une cuillère en bois, puis verser dans un plat légèrement beurré.
Laisser refroidir et couper en petits carrés.

Le clin d'œil de Dame Nicole

Succès assuré auprès des petits enfants qui seront pendus à vos jupes lorsque vous ferez cette très vieille recette. Un dessert familial oublié, facile à faire et délicieux.
A mon Gwen, futur cinéaste, et à la belle Alice.

Castagnettes « Jérôme »

INGRÉDIENTS POUR 20 BONBONS

70 g de pignons de pin
75 g de beurre
200 g de sucre semoule
2 cuillerées de miel
Fleur d'oranger (facultatif)

Le clin d'œil de Dame Nicole

Portez-les triomphalement au milieu de la table. Olé ! Comme disait déjà le petit Jérôme qui aujourd'hui jongle avec les chiffres.

Dans une poêle, faire revenir les pignons de pin hachés avec environ 15 g de beurre jusqu'à ce qu'ils blondissent. Mettre de côté.
Dans une petite casserole, mettre le sucre, le miel et le reste du beurre. Faire chauffer à feu moyen en remuant sans arrêt avec une spatule en bois jusqu'à ce que le mélange soit bien blond.
Ajouter les pignons de pin à cette préparation, mélanger rapidement et verser dans une assiette beurrée au pinceau. Les couper en triangles avant refroidissement.
Ces bonbons sont excellents pour la gorge et les rhumes.
On peut les parfumer à l'eau de fleur d'oranger, ou tout autre parfum, selon le goût.
Une variante : on peut remplacer les pignons par des noix, des noisettes, des amandes, des cacahuètes… hachées.

Pâtes

Anatole France disait : « *Les beaux-arts sont au nombre de cinq : la peinture, la sculpture, la poésie, la musique, l'architecture, laquelle a pour branche principale… la pâtisserie !* »

La pâtisserie, *pour le plus grand nombre de gâteaux français et étrangers, est fabriquée avec un nombre de pâtes assez restreint, puisque celles-ci ne sont en réalité qu'au nombre de huit : le feuilletage, la pâte brisée, la pâte sucrée, la pâte à brioche, la pâte à savarin, la pâte à baba, la pâte à génoise et la pâte à choux.*
Un bon fond de pâte, c'est la base et la garantie d'un bon gâteau.

Une astuce de Dame Nicole

Toutes ces pâtes se conservent très bien au congélateur, en les divisant en portions de 250 à 300 g pour foncer un moule pour six personnes.

Un petit œuf pèse de 50 à 55 g
Un œuf moyen de 55 à 65 g
Un gros œuf plus de 70 g

Pâte à foncer

INGRÉDIENTS POUR 3 GRANDS MOULES DE 6 PERSONNES

500 g de farine
10 g de sel
1 œuf
200 g de beurre
50 g de sucre

Mettre en fontaine sur le plan de travail la farine, le sel, l'œuf, le beurre et le sucre.
Mélanger le tout à la main et fraiser deux ou trois fois avec la paume de la main pour obtenir une pâte bien homogène. Cette pâte se congèle parfaitement bien pour vos imprévus.
Idéal pour foncer des petits moules pour les gâteaux salés en apéritifs.

Pâte sablée (recette personnelle)

INGRÉDIENTS POUR 8 PERSONNES

170 g de farine
1 œuf
4 g de sel fin
4 g de vanille (extrait naturel de première qualité)
35 g de poudre d'amandes
70 g de sucre glace
100 g de beurre

Sur la table de travail, mettre en fontaine la farine, ajouter l'œuf, le sel, la vanille, la poudre d'amandes, le sucre glace, le beurre.
Malaxer le tout en le fraisant avec la paume de la main.

Pâte sucrée

INGRÉDIENTS POUR 3 MOULES DE 6 À 8 PERSONNES

500 g de farine
2 œufs
200 g de beurre (à température ambiante)
200 g de sucre

Mettre en fontaine sur la table de travail la farine, ajouter les œufs, le beurre, le sucre.
Mélanger le tout à la main, fraiser la pâte deux ou trois fois avec la paume afin d'obtenir une pâte bien homogène, la mettre en boule.

Pâte sucrée « Sandrine »

INGRÉDIENTS POUR 3 MOULES DE 6 À 8 PERSONNES

500 g de farine
400 g de beurre
(1/3 de beurre salé,
2/3 de beurre doux
à température ambiante)
175 g de sucre semoule
2 œufs

L'idéal est de la faire la veille, elle se congèle très bien. Si vous êtes gourmands et impatients, laissez reposer la pâte pendant 15 min au congélateur afin de pouvoir la travailler. Eh oui ! elle est pleine de beurre !

Mettre la farine et le sucre sur une table de travail, mélanger.
Ajouter le beurre coupé en dés, puis les œufs.
Mélanger le tout à la main afin de former une boule.
Fariner entre-temps la table de travail, c'est une pâte très riche, donc collante.
La fraiser trois ou quatre fois avec la paume de la main, la pâte doit être homogène, si elle est trop collante, ajouter un peu de farine sur la table de travail. **C'est une pâte à faire absolument !**

Pâte feuilletée
(recette personnelle, feuilletage inversé)

INGRÉDIENTS
POUR 6 PERSONNES

1re opération
250 g de farine
6 g de sel
15 cl d'eau

2e opération
250 g de beurre d'excellente qualité
75 g de farine

1re opération : la détrempe

Déposer sur la table de travail la farine, le sel, faire une fontaine et y verser l'eau. Mélanger le tout délicatement à la main pour ne pas donner de corps à la pâte. Il est conseillé de terminer au couteau pour qu'elle ne devienne pas élastique. La mettre en boule. Réserver.

2e opération : le mélange

Mélanger le beurre avec la farine en fraisant avec la paume de la main. Mettre en boule. Réserver.

3e opération : le pliage du feuilletage

Sur la table de travail farinée, abaisser à l'aide d'un rouleau la boule de la 2e opération. Former un carré parfait de 8 à 10 mm d'épaisseur.
Recommencer l'opération avec la boule de la 1re opération. Il faut que les deux carrés soient parfaitement identiques.
Superposer les deux carrés, celui de la 1re opération se trouvant au-dessus.
Abaisser le tout en un long rectangle de 3 ou 4 mm d'épaisseur, veiller à garder des angles parfaits à chaque extrémité (très important).
Faire revenir au centre les petits côtés du rectangle, puis à nouveau plier en deux.
Faire faire un quart de tour à cette pâte tout simplement dans le sens de la longueur, de façon à ce que le grand côté du rectangle soit perpendiculaire à vous.
Abaisser à nouveau en un long rectangle de 3 ou 4 mm d'épaisseur. Plier en trois comme un drap. Laisser reposer pendant 15 min.
Refaire faire à nouveau un quart de tour à votre pâte.
Abaisser à nouveau en un rectangle long de 3 ou 4 mm, faire revenir au centre les petits côtés du rectangle, puis plier à nouveau en deux.
Remettre dans le sens de la longueur, perpendiculaire à vous.
Abaisser à nouveau en long rectangle de 3 ou 4 mm d'épaisseur et plier en trois. Le feuilletage est prêt.
Laisser reposer pendant 30 min avant de l'utiliser.
Cette pâte feuilletée servira à faire tous les fonds de tartes (salés ou sucrés), ainsi que les mille-feuilles, chaussons, galettes feuilletées, croûtes de vol-au-vent, etc.

Pâte à brioche

INGRÉDIENTS
POUR 8 À 10 PERSONNES

500 g de farine
12 g de sel
20 g de levure fraîche
4 gros œufs
3 cl d'eau
350 g de beurre (à température ambiante)
50 g de sucre

Faire fondre la levure dans l'eau à peine tiède.
Dans un cul-de-poule, travailler au batteur muni d'un crochet la farine, les œufs, le sel et la levure jusqu'à ce que la pâte devienne élastique et se décolle d'elle-même des parois du cul-de-poule (c'est long).
Ajouter le sucre, travailler à nouveau afin que la pâte se décolle de nouveau des parois.
Ajouter le beurre ramolli mais non fondu, travailler à nouveau afin d'obtenir une pâte bien lisse.
Recouvrir d'un linge et mettre de côté dans un endroit tiède afin qu'elle lève du tiers de sa hauteur.
Lorsqu'elle est levée, la faire retomber à la main.
Sur la table de travail farinée, façonner deux ou trois boules et les déposer dans des moules à brioche côtelés, beurrés et farinés. La pâte ne doit pas dépasser les deux tiers de la hauteur du moule.
Mettre à lever à nouveau pendant 25 à 30 min, surveiller.
Dès que les brioches ont levé (hauteur du moule), dorer à l'œuf entier battu très doucement avec un pinceau (pour ne pas faire retomber la pâte).
Cuire à four moyen (170°-180 °C) pendant 30 à 35 min. Contrôler la cuisson à l'aide d'un couteau ou d'une paille qui doit ressortir sèche.
Laisser refroidir sur une grille.

La classe ! Comme les grands pâtissiers… faire la brioche à tête, une belle variante.

Diviser la pâte en deux parties : 2/3-1/3. Faire une boule de la première partie, la déposer dans le moule (2/3).
Avec vos doigts de magicienne, faire un trou jusqu'au fond, au centre de cette boule.
Rouler en forme de poire la seconde partie (1/3), déposer la pointe en bas dans le trou, la coller avec le doigt afin qu'elle prenne bien la forme.
Laisser lever, dorer, cuire comme précédemment.

Le clin d'œil de Dame Nicole

La brioche, la fête des Cornards… Cette fête est célébrée tous les ans, à Pâques, dans le village de Beaumont, à 4 km de Clermont-Ferrand. Ce jour-là, les boulangers confectionnent des brioches en forme de cornes. La légende prétend qu'en 1872 un bouc aurait pénétré dans l'église pendant la messe de Pâques ; les fidèles, faisant face à l'autel, ne le virent pas entrer. Seul le curé, en se retournant, constata la présence de l'animal et cria : « *Chassez-moi ce cornard.* » Les femmes, qui, à l'époque, étaient groupées du même côté de l'allée, se retournèrent vers les hommes rassemblés de l'autre côté, et spontanément regardèrent leurs maris…
La bonne blague !

Pâte à génoise

INGRÉDIENT POUR 2 MOULES DE 6 PERSONNES

8 œufs
250 g de sucre semoule
250 g de farine
1 bonne cuillerée à café de levure

Dans un cul-de-poule, travailler au batteur muni d'un fouet les œufs avec le sucre sur un feu doux.
Retirer du feu lorsque le mélange est tiède.
Continuer de battre jusqu'à refroidissement, il doit être mousseux et ferme afin d'obtenir un ruban froid (lorsqu'on soulève le fouet, le mélange forme un ruban en coulant).
Incorporer la farine tamisée et la levure à l'aide d'une écumoire en soulevant et en coupant délicatement afin d'obtenir un mélange sans grumeaux.
Verser aux trois quarts de la hauteur dans des moules beurrés et farinés.
Mettre au four à 200 °C pendant 30 à 35 min, la porte du four très légèrement entrouverte avec la pointe d'un couteau.
Contrôler la cuisson à l'aide d'un couteau dont la lame doit ressortir sèche.
Démouler immédiatement et laisser refroidir sur une grille.

Pour le biscuit de Savoie, c'est la même recette que la génoise. Mais il faut ajouter 100 g de beurre fondu tiède, après la farine et la levure.

Pâte à choux

INGRÉDIENTS POUR 20 PIÈCES (CHOUX OU ÉCLAIRS)

25 cl d'eau
125 g de beurre
1 pincée de sel
8 g de sucre
150 g de farine
4 gros œufs (ou 5 petits)

Dans une casserole moyenne, faire bouillir l'eau avec le beurre, le sel et le sucre.
Laisser chauffer jusqu'à ébullition, retirer du feu et verser d'un seul coup la farine tamisée. Travailler vigoureusement à la spatule ou au fouet pour rendre cette pâte bien lisse.
Remettre sur un feu moyen et sécher la pâte pendant 2 min.
Retirer du feu. Incorporer les œufs un par un **(important)** en travaillant bien la pâte entre chaque œuf.
A l'aide d'une poche munie d'une douille cylindrique de 10 à 12 mm, dresser sur une plaque beurrée des éclairs, des choux, etc.
Mettre au four à 200°-210 °C pendant 20 à 30 min.
Surveiller la cuisson.
Pour que les choux ne retombent pas, entrouvrir la porte du four pendant la cuisson à l'aide d'une lame de couteau, pour que la vapeur puisse s'échapper **(très important)**.

Pâte à crêpes

INGRÉDIENTS
POUR 20 À 25 CRÊPES

500 g de farine
6 œufs
5 g de sel
25 g de sucre
75 cl de lait
1/2 verre à moutarde de rhum

Dans un cul-de-poule, travailler au batteur la farine avec les œufs, le sel, le sucre et 25 cl de lait. Bien lisser l'ensemble.
Ajouter petit à petit le reste du lait et le rhum.
Laisser reposer pendant 2 h.

Pâte à frire « Isabelle »

INGRÉDIENTS
POUR 20 À 25 FRITURES

500 g de farine
6 œufs
25 g de sucre
5 g de sel
50 cl de lait

Dans un cul-de-poule, travailler au batteur la farine, les œufs, le sucre, le sel, 25 cl de lait. Bien lisser l'ensemble.
Ajouter petit à petit le reste de lait.
Si la pâte est trop épaisse, rajouter un peu de lait.
La laisser reposer pendant 1 h.

Crèmes

Crème ancienne légère

INGRÉDIENTS
POUR 6 PERSONNES

50 cl de lait
3 œufs (séparer les jaunes des blancs)
100 g de sucre semoule
45 g de farine

Mettre à bouillir le lait. Travailler dans un cul-de-poule les jaunes d'œufs avec le sucre semoule jusqu'à blanchiment.
Ajouter la farine tamisée, lisser au fouet.
Lorsque le lait est en ébullition, en verser une petite partie sur cet appareil pour le ramollir et reverser immédiatement ce mélange dans le reste du lait.
Faire cuire dans la casserole en mélangeant au fouet pendant 3 ou 4 min.
Monter en neige très ferme les blancs d'œufs, verser la crème bouillante sur les blancs à l'aide d'une spatule en soulevant et en coupant très délicatement. La parfumer à votre goût. C'est une crème très goûteuse par sa légèreté.

Ganache

INGRÉDIENTS POUR 8 PERSONNES

750 g de chocolat de couverture extra
50 cl de crème fraîche double

Mettre à fondre au bain-marie le chocolat en le remuant fréquemment à l'aide d'une spatule de bois jusqu'à ce qu'il devienne fluide.
Dans une casserole, faire bouillir à feu moyen la crème double (attention, elle brûle facilement) en la remuant de temps en temps.
Verser petit à petit la crème bouillante sur le chocolat en remuant au fouet. Bien lisser l'ensemble énergiquement au fouet.
Mettre de côté et laisser refroidir.

Cette ganache est une base **incontournable** pour garnir de petits et grands gâteaux. **Un classique indispensable.** Durant toute ma vie de restauratrice, pendant vingt-huit ans, je l'ai toujours employée.

Crème pâtissière

INGRÉDIENTS POUR GARNIR 20 À 25 PIÈCES DE PÂTE À CHOUX

1 l de lait
6 jaunes d'œufs
(ou 4 œufs entiers)
200 g de sucre semoule
90 g de farine

Mettre à bouillir le lait.
Dans un cul-de-poule, travailler au fouet les jaunes d'œufs (ou les œufs entiers) avec le sucre semoule, jusqu'à blanchiment.
Ajouter la farine tamisée, lisser au fouet.
Lorsque le lait est à ébullition, en verser une petite partie sur l'appareil (œufs, sucre, farine) en le travaillant pour le ramollir et reverser immédiatement ce mélange dans la casserole contenant le reste du lait toujours bouillant.
Faire cuire sur feu vif tout en mélangeant sans arrêt au fouet pendant 3 ou 4 min.
Verser dans un cul-de-poule, laisser refroidir.
Déposer trois ou quatre petits morceaux de beurre et les étaler sur la crème chaude ; cela évitera la formation d'une croûte quand elle sera froide.

Cette crème est une base pour garnir différentes préparations.

Crème au beurre

INGRÉDIENTS
POUR 6 À 8 PERSONNES

250 g de beurre (à température ambiante)
3 jaunes d'œufs
200 g de sucre en morceaux

Cette crème est une base pour toute la pâtisserie à base de crème au beurre (bûche, moka, etc.). Elle se parfume à votre convenance (alcool, praliné, café, pistache, chocolat, et colorants alimentaires). Plus le volume est important, plus cette recette est facile à faire. Surveiller particulièrement la cuisson du sucre.

Réduire le beurre en pommade, à l'aide d'un fouet si nécessaire.
Fouetter au batteur, dans un cul-de-poule, les jaunes d'œufs jusqu'à blanchiment.
Laisser de côté.
Dans une casserole, mettre à cuire le sucre en morceaux, bien mouiller avec un peu d'eau.
Quand le sucre commence à bouillir et pendant sa cuisson, le « laver ». Mettre près de la casserole un récipient d'eau froide, tremper les doigts dans cette eau et frotter les bords intérieurs de la casserole rapidement, recommencer l'opération trois ou quatre fois pendant la cuisson. Pas d'inquiétude, on ne se brûle pas.
Lorsque le sucre est cuit au gros boulet (les doigts mouillés dans cette même eau froide, prendre une petite pincée de ce sucre en ébullition en roulant entre vos deux doigts), vous devez former une petite boule presque dure.
Retirer du feu. Verser immédiatement, en filet, ce sucre cuit sur les jaunes d'œufs en fouettant vigoureusement et continuer jusqu'à complet refroidissement. Incorporer alors le beurre ramolli à l'aide d'un fouet. Bien lisser.

Crème anglaise

INGRÉDIENTS
POUR 8 PERSONNES

1 l de lait
2 gousses de vanille
16 jaunes d'œufs
400 g de sucre

Faire chauffer le lait avec les gousses de vanille fendues.
Dans un cul-de-poule, travailler au fouet ou au batteur les jaunes d'œufs avec le sucre jusqu'à blanchiment.
Lorsque le lait est à ébullition, verser une petite partie sur les jaunes d'œufs en fouettant pour ramollir la préparation, reverser immédiatement le tout dans la casserole contenant le reste du lait.
Réduire l'intensité du feu, remuer sans arrêt à l'aide d'une spatule en bois.
La crème sera cuite lorsqu'elle nappera la spatule (passer le doigt sur le milieu de la spatule à l'horizontale, les deux bords de la préparation ne se rejoignent pas).
Retirer du feu, verser dans un grand récipient.
Laisser refroidir. Elle est prête.
Recommandation : elle ne doit jamais bouillir.
Pour les moins experts, une petite noix de crème fraîche l'empêche de tourner.
Vous pouvez ne mettre que douze jaunes d'œufs.

Crème frangipane

INGRÉDIENTS
POUR 6 PERSONNES

125 g de beurre
(à température ambiante)
65 g de poudre d'amandes grises
65 g de sucre semoule
3 œufs

A l'aide d'un fouet, travailler dans un cul-de-poule le beurre afin de le mettre en pommade.
Ajouter la poudre d'amandes grises, le sucre semoule et travailler en ajoutant les œufs un par un **(important)**, bien lisser l'ensemble.
Cette crème peut servir à garnir une tarte aux poires, une amandine, une galette des rois feuilletée.
L'additionner d'un peu de crème pâtissière (1/3) afin de la rendre plus moelleuse.

Crème Chantilly

INGRÉDIENTS
POUR 6 PERSONNES

500 g de crème fraîche double
5 cl de lait très froid
100 g de sucre glace

Déposer la crème dans un cul-de-poule et le mettre au réfrigérateur pendant au minimum 30 min **(important).**
Sortir du réfrigérateur, ajouter le lait très froid.
Fouetter à l'aide d'un fouet ou d'un batteur jusqu'à ce que la crème monte à consistance bien ferme. Arrêter alors de fouetter, sinon elle risque de tourner en beurre.
Incorporer le sucre glace à l'aide d'une spatule, tout en faisant tourner le cul-de-poule pour obtenir un mélange bien homogène.

Meringues

Meringue classique

INGRÉDIENTS
POUR 10 PIÈCES

8 blancs d'œufs
500 g de sucre

Dans un cul-de-poule, monter au batteur les blancs en neige très ferme avec 50 g de sucre (pour les empêcher de grainer).
Incorporer en pluie le reste du sucre à l'aide d'une large spatule en soulevant et en coupant délicatement.

Le clin d'œil de Dame Nicole

C'est en 1720, selon les historiens de la cuisine, que cette menue pâtisserie fut inventée par un pâtissier suisse nommé Gasparini, qui exerçait son art à Meiringen. Les premières meringues furent servies en France, à Nancy, au roi Stanislas qui, dit-on, les prisait fort. La reine Marie-Antoinette en confectionnait de ses propres et royales mains au Petit Trianon et ses vacherins sont restés dans l'histoire… comme sa basse-cour.

Meringue à l'italienne

Ingrédients pour 10 pièces

8 blancs d'œufs
500 g de sucre

Dans une casserole, mettre à cuire 450 g de sucre recouvert d'eau à hauteur du sucre.
Le « laver » deux ou trois fois durant la cuisson. Mettre près de soi un petit bol d'eau froide, y tremper les doigts et frotter les bords de la casserole rapidement deux ou trois fois (pas d'inquiétude, on ne se brûle pas).
Pendant ce temps, dans un cul-de-poule, monter les blancs en neige très ferme avec 50 g de sucre à l'aide d'un batteur.
Surveiller le sucre, lorsqu'il est cuit au petit cassé (tremper les doigts dans l'eau froide, prendre entre le pouce et l'index une pincée du sucre en ébullition : on doit, en la roulant dans l'eau froide, former une boule de consistance dure).
Sortir du feu immédiatement et verser en filet sur les blancs en les battant très vigoureusement au batteur.

Meringue suisse dite aussi « cuite sur le feu »

Ingrédients

8 blancs d'œufs
500 g de sucre

Sur un feu moyen de la gazinière, battre dans un cul-de-poule les blancs d'œufs et le sucre à l'aide d'un batteur jusqu'à ce que le mélange soit bien monté, il doit être très ferme, lisse, brillant. Laisser refroidir. Cette meringue sert à décorer à la poche.

Sirops

Sirop à tremper

Ingrédients

1 l d'eau
500 g de sucre

Faire bouillir l'eau avec le sucre pendant 3 à 5 min et laisser refroidir avant emploi. Parfumer à votre goût. Pour imbiber les fonds de gâteaux (par exemple : génoise, gâteau de Savoie, biscuit).

Sirop à fruits

Ingrédients

1 l d'eau
1,25 kg de sucre

Faire bouillir l'eau avec le sucre pendant 2 à 3 min. Laisser refroidir cette préparation qui vous servira à confectionner une sauce avec une purée de fruits comme des fraises, framboises, mûres, cassis, etc.

Glaçages

A l'eau

Dans un bol, travailler à la cuillère 100 g de sucre glace avec un peu d'eau froide, jusqu'à obtention d'une pâte de consistance moyenne qui ne coule pas. Cet appareil sert à glacer, à l'aide d'une spatule métallique, les petits gâteaux individuels.

Glace royale

Travailler 100 g de sucre glace avec un peu (1/2) de blanc d'œufs pour obtenir une pâte de consistance moyenne qui ne coule pas. Cet appareil est utilisé pour glacer des grands ou petits gâteaux à l'aide d'une spatule métallique, ou pour décorer à l'aide d'un cornet de papier sulfurisé dont on coupe la pointe à la grosseur désirée. Ce décor au cornet sert aussi à faire des festons en relief pour les pièces montées et à écrire sur les gâteaux ou à faire des dessins. On peut le parfumer au chocolat avec du cacao pur.

Glaçage au fondant

Se procurer du fondant. Le faire tiédir dans une casserole en le ramollissant avec un peu d'eau. Le parfumer selon son goût au chocolat, au café ou à la pistache, et le colorer si nécessaire avec quelques gouttes de colorants alimentaires. Ce glaçage sert à recouvrir de grands gâteaux (noisettines) ou de petits gâteaux individuels (éclairs, religieuses…).

Glaçage au chocolat

Faire fondre au bain-marie le chocolat cassé en petits morceaux en le remuant sans arrêt jusqu'à ce qu'il soit lisse ; il doit être seulement tiède. Ce glaçage sert à recouvrir avec une spatule métallique de grands gâteaux (par exemple : l'incontournable aux noix) ou de petits gâteaux individuels.

Lexique

Abaisser : étendre la pâte avec le rouleau à pâtisserie.

Appareil : mélange de plusieurs éléments pour la confection d'une recette (appareil à biscuit par exemple).

Bain-marie : bain d'eau bouillante dans lequel on place un récipient contenant une préparation à fondre ou à cuire.

Beurre en pommade : beurre travaillé à la spatule ou au fouet jusqu'à obtenir la consistance d'une pommade.

Caraméliser : enduire de caramel le fond et les côtés d'un moule.

Chemiser : garnir le fond et les parois d'un moule de papier sulfurisé (cake par exemple).

Détrempe : pâte (farine, eau, sel) de la consistance d'une pâte à pain servant à la préparation de la pâte feuilletée.

Dorer : appliquer à la surface de certaines pâtisseries, avant cuisson et au moyen d'un pinceau, de l'œuf battu qui constitue un vernis donnant aux gâteaux un aspect doré des plus appétissant. On dore aux jaunes purs les sablés et galettes.

Foncer : garnir l'intérieur d'un moule ou d'un cercle avec une pâte abaissée au rouleau. Avec une pâte brisée ou à foncer, le moule doit être préalablement graissé ; on s'en abstient avec une pâte feuilletée que l'on mouille à l'eau.

Fraiser : action de passer sous la paume de la main certaines pâtes pour les rendre lisses et homogènes.

Glacer : opération qui consiste à napper un gâteau, soit avec une réduction de confiture d'abricot, soit avec un glaçage à l'eau, au fondant ou au chocolat. Soit aussi à saupoudrer le gâteau de sucre glace et le faire caraméliser au four.

Graisser : enduire les moules d'un corps gras (beurre) afin de pouvoir retirer aisément les pâtes que l'on y fait cuire.

Imbiber : humecter au pinceau un gâteau quelconque afin de le parfumer ou de le rendre moelleux.

Macérer : laisser séjourner des fruits dans du vin, de l'alcool, du sirop, pour les aromatiser.

Manier : travailler avec la main.

Masquer : recouvrir un gâteau de crème, de chocolat, d'une abaisse de pâte d'amandes, ou d'amandes effilées et grillées.

Napper : recouvrir un gâteau d'une crème pour lui donner un brillant (napper une tarte, par exemple).

Pâton : se dit de la farine détrempée et rassemblée ou du feuilletage non détaillé.

Piquer : piquer une pâte abaissée, un fonçage, c'est faire des petits trous dans la pâte au moyen d'une fourchette pour empêcher les boursouflures pendant la cuisson.

Poche : sac de forme conique à l'extrémité duquel on peut adapter une douille qui sert à détailler diverses pâtes en leur donnant une forme appropriée.

Poussure : se dit d'une pâte à levain qu'on laisse « pousser », c'est-à-dire jongler sous l'action de la levure.

Rioler : placer des bandes de pâtes en les disposant en losanges sur une tarte ou un gâteau.

Sabayon : jaunes d'œufs et réduction de vin ou de jus de fruits. Battre énergiquement sur feu doux. Retirer du feu quand les jaunes sont montés et blanchis. La cuisson est parfaite lorsqu'on voit le fond de la casserole.

Tamis : tissu de fil de cuivre ou de crin tendu entre deux cercles de bois, dont on se sert pour passer la farine afin d'éviter les grumeaux.

Zester : enlever, à l'aide d'un couteau d'office ou d'un couteau à zester, la partie jaune de l'écorce des citrons ou oranges, sans entamer la peau blanche qui donnerait de l'amertume (important).

Table des recettes

80 Grands gâteaux

L'auteur, petite fille.

Editeur : Servane Biguais - Maquette : studio des Éditions Ouest-France - Photogravure : Scann'Ouest, Rennes (35)

Cet ouvrage a été imprimé en France par Pollina, Luçon (85) - L46869
I.S.B.N. 978.2.7373.4479.4 N° d'éditeur : 5662.02.02.04.08. Dépôt légal : avril 2008
www.editionsouestfrance.fr